गद्य मंजूषा

गद्य मंजूषा

सम्पादिका

डॉ. शारदा एम.

एसोसिएट प्रोफेसर
हिन्दी विभाग
मुल्कि सुन्दर राम शेट्टी कॉलेज, शिर्वा

अध्यक्षा
हिन्दी अध्ययन मण्डली
मंगलूर विश्वविद्यालय, मंगलगंगोत्री, मंगलूर

वाणी प्रकाशन

वाणी प्रकाशन
4695, 21-ए, दरियागंज, नयी दिल्ली 110 002

शाखा

अशोक राजपथ, पटना 800 004

फ़ोन : +91 11 23273167 फ़ैक्स : +91 11 23275710

www.vaniprakashan.in
vaniprakashan@gmail.com

GADYA MANJOOSHA
edited by Dr. Sharada M.

ISBN : 978-93-5072-795-9

प्रथम संस्करण : 2015

मूल्य : ₹ 50.00

हर्ष प्रिंटर्स, दिल्ली-110 093 में मुद्रित

वाणी प्रकाशन का लोगो मक़बूल फ़िदा हुसेन की कूची से

भूमिका

हिन्दी-साहित्य का आधुनिक काल अनेक दृष्टियों से महत्त्वपूर्ण है। इस काल में पद्य और गद्य दोनों के माध्यम-रूप में खड़ी बोली की प्रतिष्ठा हुई। उसका व्याकरण सम्मत परिमार्जित रूप निखरा। विभिन्न गद्य-शैलियों का समुचित विकास हुआ। गद्य की विभिन्न विधाओं—नाटक, एकांकी, कहानी, उपन्यास, आलोचना, निबन्ध, गद्यगीत, जीवनी, यात्रा साहित्य, भेंट-वार्ता, संस्मरण, रेखाचित्र, रिपोर्ताज, आदि से सम्पन्न हुआ और हो रहा है। गद्यमयी रचनाओं की प्रधानता, विविधता, इयत्ता और ईदृक्त्ता के कारण ही आधुनिक काल को गद्य-काल की संज्ञा दी जाती है।

आधुनिक काल के शताब्दियों पहले से ही हिन्दी में गद्य-लेखन की क्षीण परम्परा दृष्टिगोचर होती है जो राजस्थानी, मैथिली, ब्रजभाषा और खड़ी बोली में सुरक्षित है। आजकल साहित्य तथा लोक-व्यवहार में जो हिन्दी सामान्यतया प्रचलित है वह खड़ी बोली है। विद्वानों ने हिन्दी के आदि काल से ही उसके प्रयोग का अस्तित्व स्वीकार किया है। हजारी प्रसाद द्विवेदी का कथन है—"अपभ्रंश के ग्रन्थों में, उत्तरमध्यकाल के सन्तों की बानियों में और विनोद-पूर्ण ढंग से लिखी हुई संस्कृत-कविताओं में इस भाषा के नमूने मिल जाया करते हैं।" कबीर की उक्ति अवेक्षणीय है—आऊँगा न जाऊँगा, मरूँगा न जिऊँगा। मुगल-दरबार की प्रतिष्ठा के साथ दिल्ली के आसपास की खड़ी-बोली शिष्ट-भाषा के रूप में व्यवहृत होने लगी थी, और अँग्रेजी शासन की प्रतिष्ठा के साथ उसका विकास तथा विस्तार हुआ।

आधुनिक हिन्दी-गद्य के प्रवर्तन में मुंशी सदासुखलाल, इंशाअल्ला खाँ, लल्लूजीलाल और सदलमिश्र का योगदान अविस्मरणीय है। गद्य के प्रयोग और प्रसार में फोर्ट विलियम कॉलेज के हिन्दी-उर्दू-अध्यापकों और धार्मिक-सामाजिक आन्दोलनों की भूमिका भी अनुपेक्षणीय है। ईसाई-मिशनरियों ने व्यवहारोपयोगी भाषा में अपनी धर्म-पुस्तकों के हिन्दी-अनुवाद जनता में वितरित्त कराये और शिक्षा-संस्थाओं की स्थापना करके हिन्दी में भी पुस्तकें लिखवायीं। ब्रह्मसमाज और आर्यसमाज ने अपने विचारों के प्रचार के लिए हिन्दी को भी माध्यम बनाया।

छापेखानों की स्थापना और समाचार पत्रों के प्रकाशन से गद्य का प्रसार तीव्र गति से होने लगा।

हिन्दी गद्य-साहित्य की अखंड परम्परा भारतेन्दु-युग से चली। उसके तीन स्पष्ट सोपान हैं—भारतेन्दु-युग, द्विवेदी-युग और द्वितीय-उत्तर-युग। उन्हें हम क्रमशः विकासकाल, विस्तारकाल एवं उत्कर्षकाल कह सकते हैं। इन कालों में हिन्दी-गद्य की विभिन्न रूप-विधाएँ विकसित और पुष्ट हुईं।

नाटक : हिन्दी-नाटक का उदय भारतेन्दु-युग में गद्य के विकास के साथ-साथ हुआ। भारतेन्दु, बालकृष्ण भट्ट, प्रतापनारायण मिश्र आदि ने अपने नाटकों में देश, जाति, समाज, धर्म, भाषा, साहित्य आदि की तत्कालीन अवस्था के प्रभावशाली चित्र अंकित किये। उनका झुकाव भारतीय रचना-पद्धति की ओर था किन्तु उन्होंने पाश्चात्य शैलियों का भी सम्मिश्रण किया। उस युग की नाट्य-मंडलियों ने नाट्य-कला के प्रयोगात्मक पक्ष को भी विकसित किया।

द्विवेदी-युग में मुख्यतया तीन प्रकार के नाटक लिखे गये। 1. 'बेताब', राधेश्याम, 'जेबा' और 'शैदा' ने थियेटरशैली की रचनाएँ कीं जिनमें बजारू कथोपकथन और कृत्रिम, रोमांचकारी तथा चटकीले दृश्यों की योजना है। 2. बदरीनाथ भट्ट आदि ने पारसी-रंगमच से प्रभावित साहित्यिक नाटक लिखे जिनमें थियेटरों के-से संवाद एवं दृश्य हैं; किन्तु भाषा, भाव-व्यंजना और चरित्र-चित्रण में साहित्यिकता है। 3. प्रसाद, माखनलाल चतुर्वेदी, गोविन्द वल्लभ पंत आदि ने शुद्ध साहित्यिक नाटकों का सर्जन किया जिनमें परिष्कृत रुचि, प्रौढ़ भाषा, काव्यमयी भाव-व्यंजना, देशकालानुसार चरित्र-चित्रण, पात्रानुरूप कथोपकथन और परिमार्जित शैली का परिचय मिलता है। जी. पी. श्रीवास्तव आदि ने रोचक प्रहसन लिखे।

द्विवेदी-उत्तर-युग में नाटकों का बहुमुखी विकास हुआ। प्रसाद के स्कन्दगुप्त, चन्द्रगुप्त और ध्रुवस्वामिनी में भारतीय तथा पाश्चात्य नाट्य-शैलियों का समन्वय हुआ। हरिकृष्ण प्रेमी, लक्ष्मीनारायण मिश्र, उदयशंकर भट्ट, उपेन्द्रनाथ अश्क, जगदीशचन्द्र माथुर, मोहन राकेश, लक्ष्मीनारायण लाल आदि ने इस विधा की श्रीवृद्धि की।

एकांकी और गीतिनाट्य भी नाटक साहित्य की उल्लेखनीय उपलब्धियाँ हैं। भुवनेश्वर प्रसाद, गोविन्ददास, रामकुमार वर्मा, विष्णु प्रभाकर आदि ने उत्कृष्ट कोटि के प्रचुर एकांकी लिखे हैं। उनमें विषय की एकतानता, प्रभावान्वित, संकलन-त्रय, कुतूहल, तीव्रता, पात्रों की प्रभाव-व्यंजकता, स्वाभाविकता, अभिनेयता आदि का निर्वाह है। सुमित्रानन्दन पंत, धर्मवीर भारती, उदयशंकर भट्ट आदि के गीतनाट्यों में लय, संघर्ष, ध्वन्यात्मकता, वातावरण-निर्माण और भावों की तीव्रता का वैशिष्ट्य पाया जाता है। आकाशवाणी और दूरदर्शन से सम्बद्ध रेडियो-रूपक, ध्वनि-नाट्य फीचर आदि विधाएँ भी विकसनशील हैं।

कहानी : आधुनिक हिन्दी-कहानी का विकास बीसवीं शती ई॰ में हुआ। उसके विकास के चार अवस्थान हैं : 1. प्रेमचन्द-पूर्व की कहानियों ('इन्दुमती', 'ग्यारह वर्ष का समय', 'दुलाईवाली' आदि) में कल्पना की अतिशयता, रोचकता, कुतूहल और घटनाचक्र की प्रधानता है। 2. प्रेमचन्द युगीन कहानियों में प्रतिष्ठित मान्यताओं, परम्पराओं, संस्कारों और मूल्यों के प्रति आग्रह है। उनमें आदर्शोन्मुख यथार्थवाद, मनोवैज्ञानिक चरित्र-चित्रण, सहज कथा-प्रवाह, भाषा की सरलता और जीवन की अकृत्रिम व्याख्या है। प्रेमचन्द के अतिरिक्त चन्द्रधर शर्मा गुलेरी, विश्वम्भरनाथ कौशिक, सुदर्शन आदि इसी प्रकार के कहानीकार हैं। प्रसाद, हृदयेश आदि की रचनाओं में कहानी-कला के साथ ही नाटकीयता एवं रमणीय कवि-कल्पना का समन्वय है। 3. प्रेमचन्दोत्तर युग की कहानियों में स्थापित मूल्यों की तह तक पहुँचने का प्रयास है, उन पर सन्देह प्रकट किया गया है; मनोवैज्ञानिक विश्लेषण की प्रधानता और घटनाचक्र की विरलता है। जैनेन्द्र कुमार, इलाचन्द्र जोशी, अज्ञेय आदि ने मनोविश्लेणात्मक कहानियाँ लिखी हैं। यशपाल की कहानियों में प्रगतिवादी विचारधारा की अभिव्यक्ति हुई है। 4. देश-विदेश की परिवर्तित परिस्थिति में प्रादुर्भूत नयी कहानी असन्तोष-भावना से पूर्ण है। उसमें पुराने बन्धन शिथिल पड़ गये हैं : उसकी मुख्य विशेषताएँ हैं : व्यक्तिपरकता, निजी परिवेश और अनुभूति, मानसिक पृष्ठभूमि में वर्तमान क्षण का चित्रण, पुरानी शिल्प-विधि को त्याग कर बिंबों तथा प्रतीकों की योजना, भाषा की संवेदनशीलता और सूक्ष्मता। नया कहानीकार दूसरों की अपेक्षा अपने आदर्श, विचार, दर्शन, अनुभव, संवेदना परिवेश और बुद्धि को गौरव देता है। इस शैली के लेखक हैं : कमलेश्वर, फणीश्वरनाथ 'रेणु', मोहन राकेश, मन्नू भंडारी, राजेन्द्र यादव, भीष्म साहनी आदि। विषय-वैविध्य और शिल्प-वैचित्र्य—दोनों दृष्टियों से हिन्दी-कहानी अन्य गद्य-विधाओं की तुलना में विशेष सम्पन्न है।

उपन्यास : उपन्यास रचना का आरम्भिक प्रयास भारतेन्दु युग में हुआ। परीक्षागुरु, श्यामास्वप्न, आश्चर्यवृत्तांत चन्द्रकान्ता आदि उन्नीसवीं शती के उपन्यासों में आधुनिक उपन्यास-कला का अभाव है। हिन्दी उपन्यास को निश्चित दिशा द्विवेदी-युग के अन्तिम चरण में प्रेमचन्द के 'सेवासदन', 'प्रेमाश्रम' और 'रंगभूमि' से मिली। प्रेमचन्द, प्रसाद, वृन्दावनलाल वर्मा आदि ने उत्कृष्ट उपन्यास लिखे। उनमें विषय-व्यापकता, मानवतावादी जीवन-दृष्टि, सामाजिक, आर्थिक, राजनैतिक समस्याओं के प्रत्यक्षीकरण की शक्ति, अभिव्यंजना की क्षमता, यथार्थवादी कला और वर्ग तथा व्यक्ति की मनोदशा के कुशल चित्रण का परिचय मिलता है।

प्रेमचन्दोत्तरयुग के उपन्यासों में विषय एवं शैली की और अधिक विविधता पायी जाती है। वृन्दावनलाल, भगवतीचरण आदि पुरानी शैली के ऐतिहासिक, सामाजिक उपन्यास लिखते रहे। 'बाणभट्ट की आत्मकथा' (ह. प्र. द्विवेदी) अपने

ढंग का निराला उपन्यास है। यशपाल आदि प्रगतिवादी उपन्यासकार हैं। इलाचन्द्र जोशी, अज्ञेय आदि के उपन्यासों में मनोविश्लेषण की विशिष्टता है। 'अश्क', अमृतलाल नागर आदि की कृतियों में सामाजिक यथार्थ की प्रस्तुति है। 'रेणु', नागार्जुन आदि ने आंचलिक उपन्यासों की रचना की। 'गोदान', 'मृगनयनी', 'भूले बिसरे चित्र', 'झूठा सच', 'बूँद और समुद्र', 'संन्यासी', 'शेखर : एक जीवनी' आदि इस विधा के गौरव-ग्रन्थ हैं।

आलोचना : आलोचना का सूत्रपात उन्नीसवीं शती के अन्तिम चरण में हुआ। तत्कालीन व्यावहारिक आलोचनाएँ परिचयात्मक लेखों के रूप में निकलती रहीं, उनमें सूक्ष्म विवेचन का अभाव है। द्विवेदी-युग में आलोचना का स्तर ऊपर उठा। म. प्र. द्विवेदी, मिश्रबन्धु, श्यामसुन्दरदास, रामचन्द्र शुक्ल, पदुमलाल पुन्नालाल बख्शी, गुलाबराय आदि ने इस क्षेत्र में प्रशस्त कार्य किया। शुक्लपूर्व आलोचना ऐतिहासिक दृष्टि से महत्त्वपूर्ण होते हुए भी स्तरीय नहीं है।

रामचन्द्र शुक्ल ने हिन्दी में आलोचना का मानदंड स्थापित किया। निबन्धों और भूमिकाओं के द्वारा उन्होंने सैद्धांतिक और व्यावहारिक आलोचना को अग्रसर किया। उन्होंने तटस्थतापूर्वक इतिहास, समाज, मनोविज्ञान, सौन्दर्य और आलोच्य साहित्यकार के निजी परिवेश की दृष्टि में रखते हुए कृतियों और कृतिकारों की तत्त्वाभिनिवेशी समीक्षा की।

शुक्लोत्तरकाल में शान्तिप्रिय द्विवेदी, नन्ददुलारे वाजपेयी, हजारीप्रसाद द्विवेदी, विश्वनाथ प्रसाद मिश्र, नगेन्द्र, रामविलास शर्मा आदि ने आलोचना का बहुमुखी विकास एवं विस्तार किया। हिन्दी-साहित्य के अनेक इतिहास लिखे गये। साहित्य की विभिन्न प्रवृत्तियों, रूप-विधाओं, साहित्यकारों, विभिन्न कृतियों और उनके विविध-पक्षों का इतिहासमूलक, समाजमूलक, जीवनमूलक, मनोविज्ञामूलक और सौन्दर्यमूलक दृष्टियों से सूक्ष्म एवं विस्तृत अध्ययन किया गया। हिन्दी तथा हिन्दीतर साहित्य की तुलनान्मक समीक्षा इस काल की एक अवेक्षणीय विशेषता है। विश्वविद्यालयों में अनुसंधानपरक आलोचना का अभूतपूर्व विस्तार हुआ है। नयी कविता और नयी कहानी की भाँति नयी समीक्षा भी लिखी जाने लगी है।

निबन्ध : हिन्दी का निबन्ध-साहित्य अंग्रेजी-साहित्य के सम्पर्क का परिणाम है। राष्ट्रीय जागरण की स्फूर्ति, अन्तरराष्ट्रीयता, जनवादी विचारधारा, व्यक्ति-स्वातंत्र्य, गद्य के प्रचलन, मुद्रण-कला के प्रचार, समाचार-पत्रों एवं पत्रिकाओं के प्रकाशन, शिक्षा के प्रसार आदि से निबन्ध को विशेष गति मिली।

भारतेन्दु-युग के प्रतिनिधि निबन्धकार हैं : बालकृष्ण भट्ट, प्रताप नारायण मिश्र, बालमुकुन्द गुप्त और अंबिकादत्त व्यास। प्रेमघन, जगमोहन सिंह आदि ने भी आकर्षक निबन्ध लिखे। उस युग के फक्कड़ हास्य-विनोद-प्रिय और मिलनसार लेखकों ने पाठकों के प्रति आत्मीयता एवं अनौपचारिकता के साथ अपनी

भावाभिव्यक्ति करने के लिए निबन्ध के माध्यम को अधिक श्रेयस्कर समझा। उनकी मूल प्रेरणा मनोविनोद और समाज-सुधार—भावना है। इसीलिए अधिकांश निबन्ध सामाजिक, राजनैतिक और सांस्कृतिक विषयों पर लिखे गये हैं। उनमें आधुनिक निबन्ध कला के तत्त्वों का प्रतिफलन है। हास्य-विनोद, सजीवता और आत्मतत्त्व प्रधानता उनकी प्रमुख विशेषताएँ हैं। उनकी भाषा में धारावाहिकता, स्पष्टता और प्रभावोत्पादकता है। आविर्भाव-काल में ही इतने उत्कृष्ट निबन्धों की रचना उस युग की बहुत बड़ी उपलब्धि है।

द्विवेदी-युग में निबन्धों के विषय, प्रकार और शैली का विस्तार हुआ। म. प्र. द्विवेदी, चन्द्रधर शर्मा, श्यामसुन्दर दास, पूर्णसिंह, रामचन्द्र शुक्ल, गुलाबराय आदि ने निबन्ध को प्रौढ़ता, कलात्मकता और विचारसंपन्नता प्रदान की। अन्तिम तीन निबन्धकारों का योगदान विशेष महत्त्वपूर्ण है। उस युग के लेखक जीवन और विचारों की गहराई में उतरे, फलतः उनके निबन्धों में हास्य-विनोद की मात्रा कम हो गयी।

द्विवेदी-उत्तरयुग में पत्र-पत्रिकाओं की संख्या में वृद्धि हुई, शिक्षा का विस्तार हुआ, विभिन्न साहित्यों के साथ सम्पर्क बढ़ा और 1947 ई. में देश स्वतंत्र हो गया। इन परिस्थितियों के प्रभाव स्वरूप निबन्ध का आयाम बढ़ा, उसकी लोकप्रियता बढ़ी। अनेक सफल कवि भी निबन्ध के क्षेत्र में उतरे। प्रसाद, पंत, निराला, माखनलाल चतुर्वेदी, महादेवी वर्मा, दिनकर, अज्ञेय आदि ने भी निबन्ध-साहित्य की श्री वृद्धि की। नन्ददुलारे वाजपेयी, जैनेन्द्र कुमार, रघुवीर सिंह, नगेन्द्र, रामविलास शर्मा, इलाचन्द्र जोशी, प्रभाकर माचवे आदि ने भी इस विद्या की सम्पन्न किया। ललित निबन्ध के क्षेत्र में रघुवीर सिंह, हजारी प्रसाद द्विवेदी, कुबेरनाथ राय, विद्यानिवास मिश्र आदि का नाम भी उल्लेखनीय है।

उक्त निबन्धकारों ने ऐसे बहुसंख्यक निबन्धों की रचना की है जो उत्कृष्ट कोटि में रखे जा सकते हैं। उनमें निबन्ध के प्रमुख तत्त्वों का सन्निवेश है : गद्यमयता, संक्षिप्तता, स्वच्छंदता, एकान्विति आत्मीयता, वैयक्तिकता और कलात्मकता। उसकी अभिव्यंजना-शैली में प्रांजलता, आडम्बरहीनता, स्पष्टता, धारावाहिकता, शक्तिमत्ता, शिष्टता और संगीत के गुण विद्यमान है।

अन्य विधाएँ : आधुनिक साहित्य में अनेक अन्य नूतन गद्य-विधाएँ भी विकसित हुई हैं : गद्यगीत, जीवनी, यात्रा-वृत्तान्त, भेंट-वार्ता, संस्मरण, रेखाचित्र, रिपोर्ताज आदि। रायकृष्णदास, वियोगीहरि आदि ने काव्यात्मक गद्यगीत लिखे हैं। जीवनी-साहित्य के मुख्यतः दो रूप हैं : परकथा और आत्मकथा। देवीप्रसाद, जगमोहन वर्मा, सम्पूर्णानन्द, रामचन्द्र वर्मा, रामवृक्ष बेनीपुरी आदि ने स्मरणीय व्यक्तियों के जीवन चरित्र लिखे हैं। श्यामसुन्दरदास, राजेन्द्रप्रसाद, बेचन शर्मा 'उग्र', चतुरसेन शास्त्री, बच्चन आदि की आत्मकथाएँ पठनीय हैं। राहुल सांकृत्यायन,

रामवृक्ष बेनीपुरी, अज्ञेय, दिनकर, मोहन राकेश आदि ने यात्रा-साहित्य को समृद्ध किया है। भेंट-वार्ता का विकास अभी हो रहा है। पत्रिकाओं में साक्षात्कार-सम्बन्धी रचनाएँ प्रकाशित होती रहती हैं। पुस्तक रूप में, पद्मसिंह शर्मा कमलेश की कृति 'मैं इनसे मिला, द्रष्टव्य है।

किसी साक्षात्कृत वस्तु, व्यक्ति अथवा घटना का वर्णन संस्मरण है साहित्यिक संस्मरण में अनुभूति, संवेदना और कलात्मकता का वैशिष्ट्य होता है : उदाहरणार्थः 'संस्मरण' (बनारसीदास चतुर्वेदी), 'वे दिन वे लोग' (शिवपूजन सहाय), 'स्मृतिकण' (गोविन्ददास) आदि। रेखाचित्र का मुख्य विषय व्यक्ति होता है, उसमें रूप-चित्रण और आत्मानुभूति की प्रधानता होती है। इस क्षेत्र में महादेवी की उपलब्धि बेजोड़ है। 'अतीत के चलचित्र', 'पथ के साथी', 'मेरा परिवार' आदि साहित्य की स्थायी निधि हैं। रामवृक्ष बेनीपुरी, जगदीशचन्द्र माथुर आदि ने भी उत्कृष्ट रेखाचित्रों की रचना की है। संस्मरण और रेखाचित्र में विभाजन-रेखा खींचना कठिन है। दोनों में ही एक-दूसरे के तत्त्व समाये हुए हैं। 'स्मृति की रेखाएँ' (महादेवी), 'पुरानी स्मृतियाँ और नये स्केच' (प्रकाशचन्द्र गुप्त) आदि नाम भी इस बात के प्रमाण है। रिपोर्ताज इनसे निश्चय ही भिन्न है। वह रिपोर्ट का कलात्मक और साहित्यिक रूप है। 'धर्मयुग', 'नया पथ' आदि पत्र-पत्रिकाओं में कितने ही सुन्दर रिपोर्ताज प्रकाशित हुए हैं। इस क्षेत्र में कन्हैयालाल मिश्र का प्रतिद्वन्द्वी नहीं दिखायी देता। उनके अनेक संकलन इस विधा के उत्कर्षक हैं।

दो बातें

अहिन्दी भाषा-भाषियों को ध्यान में रखकर प्रस्तुत संकलन में कुछ गद्य के विविध प्रकारों का समावेश किया गया है। इसमें विविधता का ध्यान रखा गया है।

इन रचनाओं का चुनाव किसी भी रूप में सरल या आसान कार्य नहीं है। मैं यह दावा तो नहीं करती कि यह अपने आप में पूर्ण और सफल है। इस दिशा में यह एक प्रयास है।

मैं उन रचनाकारों के प्रति विनम्रता से अपनी कृतज्ञता प्रकट करती हूँ, जिनकी बहुमूल्य रचनाएँ प्रस्तुत संकलन में संकलित हैं। हिन्दी अध्ययन मंडली, मंगलूर विश्वविद्यालय के सहयोग के लिए और वाणी प्रकाशन के प्रति कृतज्ञता ज्ञापित करती हूँ।

–शारदा एम.

अनुक्रम

भाग एक

कहानियाँ

भाग दो

गद्य के प्रकार

(क)

(ख)

जैनेन्द्र कुमार

आधुनिक युग में कुछ ऐसे निबन्धकार हुए जिन्होंने परम्परागत शैली से हटकर निबन्धों की रचना की। जैनेन्द्र ऐसे ही निबन्धकार हैं जिन्होंने मनोवैज्ञानिक, दार्शनिक एवं सामाजिक धरातल पर लेखन किया जहाँ मौलिक चिन्तन एकदम स्पष्ट रूप में उभरकर सामने आ जाता है। जैनेन्द्र के वे निबन्ध विशेष सफल हैं जहाँ दार्शनिकता के आवरण से मुक्त होकर वे सहज धरातल पर आ गए हैं। इनकी शैली में दुरूह विषय को भी रोचक बना देने की क्षमता है।

मूलतः जैनेन्द्र कुमार मनोवैज्ञानिक कथाकार के रूप में जाने जाते हैं। वस्तुतः इनका साहित्य विविधमुखी है। इन्होंने उपन्यास, कहानी, नाटक, संस्मरण, निबन्ध सभी विधाओं में लेखन कार्य किया है। जैनेन्द्र कुमार का जन्म 1905 ई. को अलीगढ़ में हुआ। बाल्यकाल में पिता का स्वर्गवास हो जाने के कारण जीवन कठिन संघर्षों में व्यतीत किया। प्रारम्भिक शिक्षा जैन गुरुकुल ऋषि ब्रह्मचर्याश्रम, हस्तिनापुर से प्राप्त की। इण्टरमीडिएट की परीक्षा अभी पास ही की थी कि गांधी जी के असहयोग आंदोलन से प्रभावित होकर उसमें कूद पड़े। आगे की पढ़ाई छोड़ दी और विभिन्न राष्ट्रीय आन्दोलनों में भाग लेने लगे और अनेक बार जेल भी जाना पड़ा। जेल में रहते हुए लिखने की प्रेरणा मिली और वहीं से साहित्य-सेवा में जुट गए।

जैनेन्द्र कुमार ने दार्शनिक एवं सामाजिक निबन्ध लिखे जिनमें व्यक्ति तत्त्व का तथा भावात्मकता का तत्त्व भी पर्याप्त मात्रा में विद्यमान है। सामाजिक धरातल पर विभिन्न सामाजिक विषमताओं के मध्य मानवता के लिए चिन्तित हैं।

'बाज़ार दर्शन' निबन्ध में जैनेन्द्र कुमार व्यंग्यात्मक शैली में पैसे की एनर्जी या गर्मी की बात करते हुए बाजार की सार्थकता की चर्चा करते हैं। जो लोग नहीं जानते कि वे क्या चाहते हैं, वे अपनी 'पर्चेज़िंग पावर' के गर्व में बाजार को एक विनाशक या शैतानी शक्ति देते हैं। न तो वे बाजार को लाभ देते हैं और न ही लाभ ले सकते हैं। ये लोग कपट बढ़ाते हैं जो सद्भाव को घटाता है। इस सद्भाव के अभाव में मनुष्य ग्राहक व बेच की तरह व्यवहार करता है। यही बाजार का सत्य है। ऐसे बाजार में लोगों की आवश्यकताओं का आदान-प्रदान नहीं होता बल्कि शोषण होता है। ऐसा बाजार मानवता के लिए विडम्बना है।

पत्नी

शहर के एक ओर तिरस्कृत मकान। दूसरा तल्ला। वहाँ चौके में एक स्त्री अँगीठी सामने लिए बैठी है। अँगीठी की आग राख हुई जा रही है। वह जाने क्या सोच रही है। उसकी अवस्था बीस-बाईस के लगभग होगी। देह से कुछ दुबली है और संभ्रांत-कुल की मालूम होती है।

एकाएक अँगीठी में राख होती हुई आग की ओर स्त्री का ध्यान गया। घुटनों पर हाथ देकर वह उठी। उठकर वह कुछ कोयले लाई। कोयले अँगीठी में डालकर फिर किनारे ऐसे बैठ गयी, मानो याद करना चाहती है कि 'अब क्या करूँ?' घर में कोई नहीं है और समय बारह से ऊपर हो गया है।

दो प्राणी इस घर में रहते हैं, पति और पत्नी। पति सवेरे के गए लौटे नहीं और पत्नी चौके में बैठी है।

सुनन्दा सोचती है—नहीं, सोचती कहाँ है, अलसभाव से वह तो वहाँ बैठी ही है। सोचने को है तो यही कि कोयले न बुझ जाएँ।...वह जाने कब आएँगे। एक बज गया है। कुछ हो, आदमी को अपनी देह की फिक्र तो करनी चाहिए।...और सुनन्दा बैठी है। वह कुछ कर नहीं रही है। जब वह आएँगे तब रोटी बना देगी। वह जाने कहाँ-कहाँ देर लगा देते हैं और कब तक बैठूँ। मुझसे नहीं बैठा जाता। कोयले भी लहक आए हैं। और उसने झल्लाकर तबा अँगीठी पर रख दिया। नहीं, अब वह रोटी बना ही देगी। उसने जोर से खीझकर आटे की थाली सामने खींच ली और रोटी बेलने लगी।

थोड़ी देर बाद उसने जीने पर पैरों की आहट सुनी। उसके मुख पर कुछ तल्लीनता आयी। क्षण-भर वह आभा उसके चेहरे पर रहकर चली गयी। वह फिर उसी भाँति काम में लग गयी।

कालिन्दीचरण (पति) आए। उनके पीछे-पीछे तीन और उनके मित्र भी आए। ये आपस में बातें करते चले आ रहे थे और खूब गर्म थे। कालिन्दीचरण मित्रों के साथ सीधे अपने कमरे में चले गए। उनमें बहस छिड़ी थी। कमरे में पहुँचकर रुकी हुई बहस फिर छिड़ गई। ये चारों व्यक्ति देशोद्धार के संबंध में बहुत कटिबद्ध हैं। चर्चा उसी सिलसिले में चल रही है। भारत माता को स्वतंत्र

कराना होगा—नीति-अनीति, हिंसा-अहिंसा को देखने का यह समय नहीं है। मीठी बातों का परिणाम बहुत देखा। मीठी बातों से बाघ के मुँह से अपना सिर नहीं निकाला जा सकता। उस वक्त बाघ का मारना ही एक इलाज है। आतंक! हाँ आतंक। हमें क्या आतंकवाद से डरना होगा? लोग हैं जो कहते हैं, आतंकवादी मूर्ख हैं, वे बच्चे हैं। हाँ, वे हैं बच्चे और मूर्ख। उन्हें बुजुर्गी और बुद्धिमानी नहीं चाहिए। हमें नहीं अभिलाषा अपने जीने की। हमें मोह नहीं बाल-बच्चों का। हमें नहीं गर्ज धन-दौलत की। तब हम मरने के लिए आज़ाद क्यों नहीं हैं? जुल्म को मिटाने के लिए जुल्म होगा ही। उससे वे डरें जो डरते हैं। डर हम जवानों के लिए नहीं है।

फिर वे चारों आदमी निश्चय करने में लगे कि उन्हें खुद क्या करना चाहिए।

इतने में कालिन्दीचरण को ध्यान आया कि न उसने खाना खाया है, न मित्रों से खाने के लिए पूछा है। उसने अपने मित्रों से माफी माँगकर छुट्टी ली और सुनन्दा की ओर चला।

सुनन्दा जहाँ थी वहाँ है। वह रोटी बना चुकी है। अँगीठी के कोयले उल्टे तबे से दबे हैं। माथे को उँगलियों पर टिकाकर वह बैठी है। बैठी-बैठी सूनी-सी देख रही है। सुन रही है कि उसके पति कालिन्दीचरण अपने मित्रों के साथ क्यों और क्या बातें कर रहे हैं। उसे जोश का कारण समझ में नहीं आता। उत्साह उसके लिए अपरिचित है। वह उसके लिए कुछ दूर की वस्तु है, स्पृहणीय और मनोरम और हरियाली। वह भारतमाता की स्वतंत्रता को समझना चाहती है; पर उसको न भारतमाता समझ में आती है न स्वतंत्रता समझ में आती है। उसे उन लोगों की इस जोरों की बातचीत का मतलब ही समझ नहीं आता। फिर भी, उत्साह की उसमें बड़ी भूल है। जीवन की हौंस उसमें बुझती-सी जा रही है; पर वह जीना चाहती है। उसने बहुत चाहा है कि पति उससे भी कुछ देश की बात करें। उसमें बुद्धि तो जरा कम है, फिर धीरे-धीरे क्या वह भी समझने नहीं लगेगी? सोचती है, कम पढ़ी हूँ, तो इसमें मेरा ऐसा कसूर क्या है? अब तो पढ़ने को तैयार हूँ, लेकिन पत्नी के साथ पति का धीरज खो जाता है। खैर, उसने सोचा है, उसका काम तो सेवा है। बस, यह मानकर जैसे कुछ समझने की चाह ही छोड़ दी है। वह अनायास भाव से पति के साथ रहती है और कभी उनकी राह के बीच में आने को नहीं सोचती! वह एक बात जान चुकी है कि उसके पति ने अगर आराम छोड़ दिया है, घर का काम छोड़ दिया है, जान-बूझकर उखड़े-उखड़े और मारे-मारे जो फिरते हैं इसमें वे कुछ भला ही सोचते होंगे। इसी बात को पकड़कर वह आपत्ति-शून्य भाव से पति के साथ विपदा-पर-विपदा उठाती रही है। पति ने कहा भी है कि तुम मेरे साथ क्यों दुःख उठाती हो, पर सुनकर वह

चुप रह गयी है, सोचती रह गयी है कि देखो, यह कैसी बात करते हैं। वह जानती है कि जिसे 'सरकार' कहते हैं, वह सरकार उनके इस तरह के कामों से बहुत नाराज है। सरकार, सरकार है। उसके मन में कोई स्पष्ट भावना नहीं है कि सरकार, क्या होती है; पर यह जितने हाकिम लोग हैं, वे बड़े जबरदस्त होते हैं और उनके पास बड़ी-बड़ी ताकतें हैं। इतनी फौज, पुलिस के सिपाही और मजिस्ट्रेट और मुंशी और चपरासी और थानेदार और वायसराय ये सब सरकार के ही हैं। इन सबसे कैसे लड़ा जा सकता है? हाकिम से लड़ना ठीक नहीं है; पर यह उसी लड़ने में तन-मन बिसार बैठे हैं। खैर, लेकिन ये सब-के-सब इतने जोर से क्यों बोलते हैं? उसको यही बहुत बुरा लगता है। सीधे-सादे कपड़ों में एक खुफिया पुलिस का आदमी हरदम उनके घर के बाहर रहता है। ये लोग इस बात को क्यों भूल जाते हैं? इतने जोर से क्यों बोलते हैं?

बैठे-बैठे वह इसी तरह की बात सोच रही है। देखो, अब दो बजेंगे। उन्हें न खाने की फिक्र, न मेरी फिक्र। मेरी तो खैर कुछ नहीं, पर अपने तन का ध्यान तो रखना चाहिए। ऐसी बेपरवाही से तो वह बच्चा चला गया। उसका मन कितना भी इधर-उधर डोले; पर अकेली जब होती है, तब भटक-भटक कर वह मन अंत में उसी बच्चे के अभाव पर जा पहुँचता है। तब उसे बच्चे की वही-वही बातें याद आती हैं—वे बड़ी प्यारी आँखें, अँगुलियाँ और नन्हे-नन्हे ओंठ याद आते हैं—अठखेलियाँ याद आती हैं। सबसे ज्यादा उसका मरना याद आता है। ओह! यह मरना क्या है? इस मरने की तरफ उससे देखा नहीं जाता। यद्यपि वह जानती है कि मरना सबको है—उसको मरना है, उसके पति को मरना है; पर उस तरफ भूल से छन-भर देखती है, तो भय से भर जाती है। यह उससे सहा नहीं जाता। बच्चे की याद उसे मथ उठती है। तब वह विह्वल होकर आँख पोंछती है और हठात् इधर-उधर की किसी काम की बात में अपने को उलझा लेना चाहती है, पर अकेले में, वह कुछ करे, रह-रह कर वही वह याद—वही वह मरने की बात उसके सामने ही रहती है और उसका चित्त बेबस हो जाता है।

वह उठी। अब उठकर बरतनों को माँज डालेगी, चौका भी साफ करना है। आह! खाली बैठी मैं क्या सोचती रहा करती हूँ।

इतने में कालिन्दीचरण चौके में घुसे।

सुनन्दा कठोरतापूर्वक शून्य को ही देखती रही। उसने पति की ओर नहीं देखा।

कालिन्दी ने कहा—"सुनन्दा, खाने वाले हम चार हैं। खाना हो गया?"

सुनन्दा चून की थाली और चकला-बेलन और बटलोहे वगैरह खाली बरतन उठाकर चल दी, कुछ भी बोली नहीं।

कालिन्दी ने कहा—"सुनती हो, तीन आदमी मेरे साथ और हैं। खाना बन

सके तो कहो, नहीं तो इतने में ही काम चला लेंगे।"

सुनन्दा कुछ भी नहीं बोली। उसके मन में बेहद गुस्सा उठने लगा। वे उससे क्षमा-प्रार्थी-से क्यों बात कर रहे हैं, हँसकर क्यों नहीं कह देते कि कुछ और खाना बना दो। जैसे मैं गैर हूँ। अच्छी बात है, तो मैं भी गुलाम नहीं हूँ कि इनके ही काम में लगी रहूँ। मैं कुछ नहीं जानती खाना-वाना। और वह चुप रही।

कालिन्दीचरण ने जरा जोर से कहा—"सुनन्दा!"

सुनन्दा के जी में ऐसा हुआ कि हाथ की बटलोई को खूब जोर से फेंक दे किसी का गुस्सा सहने के लिए वह नहीं है। उसे तनिक भी सुध न रही कि अभी बैठे-बैठे इन्हीं अपने पति के बारे में कैसी प्रीति की और भलाई की बातें सोच रही थी। इस वक्त भीतर-ही-भीतर वह गुस्से से घुटकर रह गई।

"क्यों! बोल भी नहीं सकतीं?"

सुनन्दा नहीं ही बोली।

"तो अच्छी बात है। खाना कोई भी नहीं खायेगा।"

यह कहकर कालिन्दी तैश में पैर पटकते हुए लौटकर चले गए।

कालिन्दीचरण अपने दल में उग्र नहीं समझे जाते, किसी कदर उदार समझे जाते हैं। सदस्य अधिकतर अविवाहित हैं, कालिन्दीचरण विवाहित ही नहीं हैं, वह एक बच्चा खो चुके हैं। उनकी बात का दल में आदर है। कुछ लोग उनके धीमेपन पर रुष्ट भी हैं। वह दल में विवेक के प्रतिनिधि हैं और उत्ताप पर अंकुश का काम करते हैं।

बहस इतनी बात पर थी कि कालिन्दी का मत था कि हमें आतंक को छोड़ने की ओर बढ़ना चाहिए। आतंक से विवेक कुंठित होता है और या तो मनुष्य उससे उत्तेजित ही रहता है, या उसके भय से दवा रहता है। दोनों ही स्थितियाँ श्रेष्ठ नहीं हैं। हमारा लक्ष्य बुद्धि को चारों ओर से जगाना है, उसे आतंकित करना नहीं। सरकार व्यक्ति के और राष्ट्र के विकास के ऊपर बैठकर उसे दबाना चाहती है। हम इसी विकास के अवरोध को हटाना चाहते हैं—इसी को मुक्त करना चाहते हैं। आतंक से वह काम नहीं होगा। जो, शक्ति के मद में उन्मत्त है, असली काम तो उसका मद उतारने और उसमें कर्तव्य-भावना का प्रकाश जगाने का है। हम स्वीकार करें कि मद उसकी टक्कर खाकर चोट पाकर ही उतरेगा। यह चोट देने के लिए हमें अवश्य तैयार रहना चाहिए, पर यह नोचा-नोची उपयुक्त नहीं। इससे सत्ता का कुछ बिगड़ता नहीं, उल्टे उसे अपने औचित्य पर संतोष हो आता है।

पर जब (सुनन्दा के पास से) लौट कर आया, तब देखा गया कि कालिन्दी अपने पक्ष पर दृढ़ नहीं है। वह सहमत हो सकता है कि हाँ, आतंक जरूरी भी है। "हाँ" उसने कहा—"यह ठीक है कि हम लोग कुछ काम शुरू कर दें।" इसके

साथ ही कहा—"आप लोगों को भूख नहीं लगी है क्या? उनकी तबियत खराब है, इससे यहाँ तो खाना बना नहीं। बताओ क्या किया जाए? कहीं होटल चलें?"

एक ने कहा कि कुछ बाजार से यहीं मँगा लेना चाहिए। दूसरे की राय हुई कि होटल चलना चाहिए। इसी तरह की बातों में लगे थे कि सुनन्दा ने एक बड़ी थाली में खाना परोसकर उनके बीच ला रखा। रखकर वह चुपचाप चली गई। फिर आकर पास ही चार गिलास पानी के रख दिए और फिर उसी भाँति चुपचाप चली गई।

कालिन्दी को जैसे किसी ने काट लिया।

तीनों मित्र चुप हो रहे। उन्हें अनुभव हो रहा था कि पति-पत्नी के बीच स्थिति में कहीं कुछ तनाव पड़ा हुआ है। अंत में एक ने कहा—कालिन्दी तुम तो कहते थे, खाना नहीं है?

कालिन्दी ने झेंपकर कहा—मेरा मतलब था, काफी नहीं है।

दूसरे ने कहा—बहुत काफी है। सब चल जाएगा।

देखूँ, कुछ और हो तो—कहकर कालिन्दी उठ गया।

आकर सुनन्दा से बोला—यह तुमसे किसने कहा था कि खाना वहाँ ले आओ? मैंने क्या कहा था?

सुनन्दा कुछ न बोली।

"चलो, उठाकर लाओ थाली। हमें किसी को यहाँ नहीं खाना है। हम होटल जाएँगे।"

सुनन्दा नहीं बोली। कालिन्दी भी कुछ देर गुम खड़ा रहा। तरह-तरह की बातें उसके मन में और कंठ में आती थीं। उसे अपना अपमान मालूम हो रहा था और अपमान उसे असह्य था।

उसने कहा—"सुनती नहीं हो कि कोई क्या कह रहा है! क्यों?"

सुनन्दा ने मुँह फेर लिया।

"क्या मैं बकते रहने के लिए हूँ?"

सुनन्दा भीतर ही भीतर घुट गई।

मैं पूछता हूँ कि जब मैं कह गया था, तब खाना ले जाने की क्या जरूरत थी?

सुनन्दा ने मुड़कर और अपने को दबाकर धीमे से कहा—"खाओगे नहीं? एक तो बज गया।"

कालिन्दी निरस्त्र होने लगा। यह उसे बुरा मालूम हुआ। उसने मानो धमकी के साथ पूछा—"खाना और है?"

सुनन्दा ने धीमे से कहा—"अचार लेते जाओ।"

"खाना और नहीं है। अच्छा लाओ अचार।"

सुनन्दा ने अचार ला दिया और लेकर कालिन्दी भी चला गया।

सुनन्दा ने अपने लिए कुछ भी बचाकर नहीं रखा है। उसे यह सूझा ही न था कि उसे भी खाना है। अब कालिन्दी के लौटने पर उसे जैसे मालूम हुआ कि उसने अपने लिए कुछ भी बचा कर नहीं रखा है। वह अपने से रुष्ट हुई। उसका मन कठोर हुआ, इसलिए नहीं कि उसने खाना क्यों नहीं बचाया। इस पर तो उसमें स्वाभिमान का भाव जागता था। मन कठोर यों हुआ कि वह इस तरह की बातें सोचती ही क्यों है? छिः! यह भी सोचने की बात है! और उसमें कड़वाहट भी फैली। हठात् वह उसके मन को लगता ही है कि देखो, उन्होंने एक बार भी नहीं पूछा कि तुम क्या खाओगी! क्या मैं यह सह सकती थी कि मैं तो खाऊँ और उनके मित्र भूखे रहें, पर पूछ लेते तो क्या था। इस बात पर उसका मन टूटता-सा है। मानों उसका जो तनिक-सा मान था वह भी कुचल गया हो पर वह रह-रहकर स्वयं अपने को अपमानित करती हुई कहती है कि छिः! छिः! सुनन्दा तुझे ऐसी जरा-सी बात का अब तक ख्याल होता है! तुझे खुश होना चाहिए कि उनके लिए एक रोज भूखे रहने का तुझे पुण्य मिला। मैं क्यों उन्हें नाराज करती हूँ! अब से नाराज न करूँगी, पर वह अपने तन की भी सुध तो नहीं रखते! यह ठीक नहीं है। मैं क्या करूँ।

और वह अपने बरतन माँजने में लग गई। उसे सुन पड़ा कि वे लोग फिर जोर-शोर से बहस करने में लग गए हैं। बीच-बीच में हँसी के कहकहे भी उसे सुनाई दिए। 'ओ!' सहसा उसे ख्याल हुआ, 'बरतन तो पीछे भी मल सकती हूँ, लेकिन उन्हें कुछ जरूरत हुई तो?' यह सोच, झटपट हाथ धो वह कमरे के दरवाजे के बाहर दीवार से लगकर खड़ी हो गई।

एक मित्र ने कहा—"अचार और है? अचार और मँगाओ यार!"

कालिन्दी ने अभ्यासवश जोर से पुकारा—"अचार लाना भाई, अचार।" मानो सुनन्दा कहीं बहुत दूर हो, पर वह तो बाहर द्वार से लगी खड़ी ही थी। उसने चुपचाप अचार लाकर रख दिया।

जाने लगी, तो कालिन्दी ने तनिक स्निग्ध वाणी से कहा—"थोड़ा पानी भी लाना।"

और सुनन्दा ने पानी ला दिया। देकर लौटी और फिर बाहर द्वार से लगकर ओट में खड़ी हो गयी, जिससे कालिन्दी कुछ माँगे; तो जल्दी से ला दे।

कृष्णा सोबती

जन्म : 18 फरवरी, 1925 गुजरात। अपनी साफ-सुधरी रचनात्मकता और अभिव्यक्ति के लिए जानी जाती हैं। इन्होंने हिन्दी की कथा-भाषा को अपनी विलक्षण प्रतिभा से अप्रतिम ताजगी/और स्फूर्ति प्रदान की है। कृष्णा सोबती ने पचास के दशक से ही अपना लेखन कार्य प्रारम्भ कर दिया था। इनकी पहली कहानी 'लामा' थी, जो 1950 ई. में प्रकाशित हुई थी।

'बादलों के घेरे', 'डार से बिछुड़ी', 'तीन पहाड़' एवं 'मित्रो मरजानी' कहानी संग्रहों में कृष्णा सोबती ने नारी को अश्लीलता की कुंठित राष्ट्र को अभिभूत कर सकने में सक्षम अपसंस्कृति के बल-संबल के साथ ऐसा उभारा है कि साध ारण पाठक हतप्रभ तक हो सकता है। 'सिक्का बदल गया', 'बदली बरस गई' जैसी कहानियाँ भी तेजी-तुर्शी में पीछे नहीं। उनकी हिम्मत की दाद देने वालों में अंग्रेजी की अश्लीलता के स्पर्श से उत्तेजित सामान्यजन पत्रकारिता एवं मांसलता से प्रतप्त त्वरित लेखन के आचार्य खुशवंत सिंह तक ने सराहा है। पंजाबी कथाकार मूलस्थानों की परिस्थितियों के कारण संस्कारतः मुस्लिम-अभिभूत रहे हैं। दूसरे, हिन्दू-निन्दा नेहरू से अर्जुन सिंह तक बड़े-छोटे नेताओं को प्रभावित करने का लाभप्रद-फलप्रद उपादान भी रही है। नामवर सिंह ने, कृष्णा सोबती के उपन्यास 'डार से बिछुड़ी' और 'मित्रे मरजानी' का उल्लेख मात्र किया है और सोबती को उन उपन्यासकारों की पंक्ति में गिनाया है, जिनकी रचनाओं में कहीं वैयक्तिक तो कहीं पारिवारिक-सामाजिक विषमताओं का प्रखर विरोध मिलता है। इन सभी के बावजूद ऐसे समीक्षकों की भी कमी नहीं है, जिन्होंने 'जिन्दगीनामा' की पर्याप्त प्रशंसा की है। डॉ. देवराज उपाध्याय के अनुसार-'यदि किसी को पंजाब प्रदेश की संस्कृति, रहन-सहन, चाल-ढाल, रीति-रिवाज की जानकारी प्राप्त करनी हो, इतिहास की बात' जाननी हो, वहाँ की दन्त कथाओं, प्रचलित लोकोक्तियों तथा 18वीं, 19वीं शताब्दी की प्रवृत्तियों से अवगत होने की इच्छा हो, तो 'जिन्दगीनामा' से अन्यत्र जाने की जरूरत नहीं।

सिक्का बदल गया

खद्दर की चादर ओढ़े, हाथ में माला लिए शाहनी जब दरिया के किनारे पहुँची तो पौ फट रही थी। दूर-दूर आसमान के परदे पर लालिमा फैलती जा रही थी। शाहनी ने कपड़े उतारकर एक ओर रखे और 'श्रीराम, श्रीराम' करती पानी में हो ली। अंजलि भरकर सूर्य देवता को नमस्कार किया, अपनी उनींदी आँखों पर छींटे दिये और पानी से लिपट गयी!

चनाब का पानी आज भी पहले-सा ही सर्द था, लहरें लहरों को चूम रही थीं। वह दूर सामने कश्मीर की पहाड़ियों से बर्फ पिघल रही थी। उछल-उछल आते पानी के भँवरों से टकराकर कगार गिर रहे थे लेकिन दूर-दूर तक बिछी रेत आज न जाने क्यों खामोश लगती थी! शाहनी ने कपड़े पहने, इधर-उधर देखा, कहीं किसी की परछाई तक न थी। पर नीचे रेत में अगणित पाँवों के निशान थे। वह कुछ सहम-सी उठी!

आज इस प्रभात की मीठी नीरवता में न जाने क्यों कुछ भयावना-सा लग रहा है। वह पिछले पचास वर्षों से यहाँ नहाती आ रही है। कितना लम्बा अरसा है! शाहनी सोचती है, एक दिन इसी दुनिया के किनारे वह दुलहिन बनकर उतरी थी। और आज...आज शाहजी नहीं, उसका वह पढ़ा-लिखा लड़का नहीं, आज वह अकेली है, शाहजी की लम्बी-चौड़ी हवेली में अकेली है। पर नहीं यह क्या सोच रही है वह सवेरे-सवेरे! अभी भी दुनियादारी से मन नहीं फिरा उसका! शाहनी ने लम्बी साँस ली और 'श्री राम, श्री राम', करती बाजरे के खेतों से होती घर की राह ली। कहीं-कहीं लिपे-पुते आँगनों पर से धुआँ उठ रहा था। टन-टन बैलों, की घंटियाँ बज उठती हैं। फिर भी...फिर भी कुछ बँधा-बँधा-सा लग रहा है। 'जम्मीवाला' कुआँ भी आज नहीं चल रहा। ये शाहजी की ही असामियाँ हैं। शाहनी ने नजर उठायी। यह मीलों फैले खेत अपने ही हैं। भरी-भरायी नई फसल को देखकर शाहनी किसी अपनत्व के मोह में भीग गयी। यह सब शाहजी की बरकतें हैं। दूर-दूर गाँवों तक फैली हुई जमीनें, जमीनों में कुएँ सब अपने हैं। साल में तीन फसल, जमीन तो सोना उगलती है। शाहनी कुएँ की ओर बढ़ी, आवाज़ दी, "शेरे, शेरे, हसैना हसैना...।"

शेरा शाहनी का स्वर पहचानता है। वह न पहचानेगा! अपनी माँ जैना

के मरने के बाद वह शाहनी के पास ही पलकर बड़ा हुआ। उसने पास पड़ा गँड़ासा 'शटाले' के ढेर के नीचे सरका दिया। हाथ में हुक्का पकड़कर बोला "ऐ हसैना-सैना...।" शाहनी की आवाज उसे कैसे हिला गयी है! अभी तो वह सोच रहा था कि उस शाहनी की ऊँची हवेली की अँधेरी कोठरी में पड़ी सोने-चाँदी की सन्दूकचियाँ उठाकर...कि तभी "शेरे शेरे...।" शेरा गुस्से से भर गया। किस पर निकाले अपना क्रोध? शाहनी पर! चीखकर बोला "ऐ मर गयीं एं एब्ब तैनू मौत दे..."

हसैना आटेवाली कनाली एक ओर रख, जल्दी-जल्दी बाहर निकल आयी। "ऐ आयीं आँ क्यों छावेले (सुबह-सुबह) तड़पना एं?"

अब तक शाहनी नजदीक पहुँच चुकी थी। शेरे की तेजी सुन चुकी थी। प्यार से बोली, "हसैना, यह वक्त लड़ने का है? वह पागल है तो तू ही जिगरा कर लिया कर।"

"जिगरा !" हसैना ने मान भरे स्वर में कहा—"शाहनी, लड़का आखिर लड़का ही है। कभी शेरे से भी पूछा है कि मुँह अँधेरे ही क्यों गालियाँ बरसाई हैं इसने? "शाहनी ने लाड़ से हसैना की पीठ पर हाथ फेरा, हँसकर बोली" पगली मुझे तो लड़के से बहू प्यारी है! शेरे—"

"हाँ शाहनी!"

"मालूम होता है, रात को कुल्लूवाल के लोग आये हैं यहाँ?" शाहनी ने गम्भीर स्वर में कहा।

शेरे ने जरा रुककर, घबराकर कहा, "नहीं शाहनी..." शेरे के उत्तर की अनसुनी कर शाहनी जरा चिन्तित स्वर से बोली, "जो कुछ भी हो रहा है, अच्छा नहीं। शेरे, आज शाहजी होते तो शायद कुछ बीच-बचाव करते। पर...।" शाहनी कहते-कहते रुक गयी। आज क्या हो रहा है। शाहनी को लगा जैसे जी भर-भर आ रहा है। शाहजी को बिछुड़े कई साल बीत गये, परपर आज कुछ पिघल रहा है शायद पिछली स्मृतियाँ...आँसुओं को रोकने के प्रयत्न में उसने हसैना की ओर देखा और हल्के-से हंस पड़ी। और शेरा सोच ही रहा है, क्या कह रही है शाहनी आज! आज शाहनी क्या, कोई भी कुछ नहीं कर सकता। यह होके रहेगा क्यों न हो? हमारे ही भाई-बन्दों से सूद ले-लेकर शाहजी सोने की बोरियाँ तोला करते थे। प्रतिहिंसा की आग शेरे की आँखों में उतर आयी। गँड़ासे की याद हो आयी। शाहनी की ओर देखा नहीं-नहीं, शेरा इन पिछले दिनों में तीस-चालीस कत्ल कर चुका है परपर वह ऐसा नीच नहीं...सामने बैठी शाहनी नहीं, शाहनी के हाथ उसकी आँखों में तैर गये। वह सर्दियों की रातें कभी-कभी शाहजी की डाँट खाके वह हवेली में पड़ा रहता था। और फिर लालटेन की रोशनी में वह देखता है, शाहनी के ममता भरे हाथ दूध का कटोरा थामे हुए 'शेरे-शेरे, उठ, पी ले।'

शेरे ने शाहनी के झुर्रियाँ पड़े मुँह की ओर देखा तो शाहनी धीरे से मुस्करा रही थी। शेरा विचलित हो गया। 'आखिर शाहनी ने क्या बिगाड़ा है हमारा? शाहजी की बात शाहजी के साथ गयी, वह शाहनी को जरूर बचाएगा। लेकिन कल रात वाला मशवरा! वह कैसे मान गया था फिरोज की बात! 'सब कुछ ठीक हो जाएगा सामान बाँट लिया जाएगा!'

"शाहनी चलो तुम्हें घर तक छोड़ आऊँ!"

शाहनी उठ खड़ी हुई। किसी गहरी सोच में चलती हुई शाहनी के पीछे-पीछे मजबूत कदम उठाता शेरा चल रहा है। शंकित-सा-इधर उधर देखता जा रहा है। अपने साथियों की बातें उसके कानों में गूँज रही हैं। पर क्या होगा शाहनी को मारकर?

"शाहनी!"

"हाँ शेरे।"

"शेरा चाहता है कि सिर पर आने वाले खतरे की बात कुछ तो शाहनी को बता दे, मगर वह कैसे कहे?"

"शाहनी"

शाहनी ने सिर ऊँचा किया। आसमान धुएँ से भर गया था। "शेरे"

शेरा जानता है यह आग है। जबलपुर में आज आग लगनी थी लग गयी! शाहनी कुछ न कह सकी। उसके नाते रिश्ते सब वहीं हैं।

हवेली आ गयी। शाहनी ने शून्य मन से ड्योढ़ी में कदम रखा। शेरा कब लौट गया उसे कुछ पता नहीं। दुर्बल-सी देह और अकेली, बिना किसी सहारे के! न जाने कब तक वहीं पड़ी रही शाहनी। दुपहर आयी और चली गयी। हवेली खुली पड़ी है। आज शाहनी नहीं उठ पा रही। जैसे उसका अधिकार आज स्वयं ही उससे छूट रहा है! शाहजी के घर की मालकिन...लेकिन नहीं, आज मोह नहीं हट रहा। मानो पत्थर हो गयी हो। पड़े-पड़े साँझ हो गयी, पर उठने की बात फिर भी नहीं सोच पा रही। अचानक रसूली की आवाज सुनकर चौंक उठी।

"शाहनी-शाहनी, सुनो ट्रकें आती हैं लेने?"

"ट्रके...?" शाहनी इसके सिवाय और कुछ न कह सकी। हाथों ने एक-दूसरे को थाम लिया। बात की बात में खबर गाँव भर में फैल गयी। बीबी ने अपने विकृत कण्ठ से कहा, "शाहनी, आज तक कभी ऐसा न हुआ, न कभी सुना। गजब हो गया, अँधेर पड़ गया।"

शाहनी मूर्तिवत वहीं खड़ी रही। नवाब बीबी ने स्नेह-सनी उदासी से कहा, "शाहनी, हमने तो कभी न सोचा था!"

शाहनी क्या कहे कि उसीने ऐसा सोचा था। नीचे से पटवारी बेगू और

जैलदार की बातचीत सुनाई दी। शाहनी समझी कि वक्त आन पहुँचा। मशीन की तरह नीचे उतरी, पर ड्योढ़ी न लाँघ सकी। किसी गहरी, बहुत गहरी आवाज से पूछा, "कौन? कौन हैं वहाँ?"

कौन नहीं है आज वहाँ? सारा गाँव है, जो उसके इशारे पर नाचता था कभी। उसकी असामियाँ हैं जिन्हें उसने अपने नाते-रिश्तों से कभी कम नहीं समझा। लेकिन नहीं, आज उसका कोई नहीं, आज वह अकेली है! यह भीड़ की भीड़, उनमें कुल्लूवाल के जाट। वह क्या सुबह ही न समझ गयी थी?

बेगू पटवारी और मसीत के मुल्ला इस्माइल ने जाने क्या सोचा। शाहनी के निकट आ खड़े हुए। बेगू आज शाहनी की ओर देख नहीं पा रहा। धीरे से जरा गला साफ करते हुए कहा, "शाहनी, रब्ब नू एही मंजूर सी।"

शाहनी के कदम डोल गये। चक्कर आया और दीवार के साथ लग गयी। इसी दिन के लिए छोड़ गये थे शाहजी उसे? बेजान-सी शाहनी की ओर देखकर बेगू सोच रहा है 'क्या गुंजर रही है शाहनी पर! मगर क्या हो सकता है! सिक्का बदल गया है...'

शाहनी का घर से निकलना छोटी-सी बात नहीं। गाँव का गाँव खड़ा है हवेली के दरवाजे से लेकर उस दारे तक जिसे शाहजी ने अपने पुत्र की शादी में बनवा दिया था। तब से लेकर आज तक सब फैसले, सब मशविरे यहीं होते रहे हैं। इस बड़ी हवेली को लूट लेने की बात भी यहीं सोची गयी थी! यह नहीं कि शाहनी कुछ न जानती हो। वह जानकर भी अनजान बनी रही। उसने कभी बैर नहीं जाना। किसी का बुरा नहीं किया। लेकिन बूढ़ी शाहनी यह नहीं जानती कि सिक्का बदल गया है...

देर हो रही थी। थानेदार दाऊद खाँ जरा अकड़कर आगे आया और ड्योढ़ी पर खड़ी जड़ निर्जीव छाया को देखकर ठिठक गया! वही शाहनी है जिसके शाहजी उसके लिए दरिया के किनारे खेमे लगवा दिया करते थे। यह तो वही शाहनी है जिसने उसकी मँगेतर को सोने के कनफूल दिये थे मुँह दिखाई में। अभी उसी दिन जब वह 'लीग' के सिलसिले में आया था तो उसने उद्दंडता से कहा था, "शाहनी, भागोवाल मसीत बनेगी, तीन सौ रुपया देना पड़ेगा!" शाहनी ने अपने उसी सरल स्वभाव से तीन सौ रुपये दिये थे। और आज...?

"शाहनी!" ड्योढ़ी के निकट जाकर बोला, "देर हो रही है शाहनी। (धीरे से) कुछ साथ रखना हो तो रख लो। कुछ साथ बाँध लिया है? सोना-चाँदी"

शाहनी अस्फुट स्वर से बोली "सोना-चाँदी!" जरा ठहरकर सादगी से कहा, "सोना-चाँदी! बच्चा वह सब तुम लोगों के लिए है। मेरा सोना तो एक-एक जमीन में बिछा है।"

दाऊद खाँ लज्जित-सा हो गया। "शाहनी तुम अकेली हो, अपने पास कुछ

होना जरूरी है। कुछ नकदी ही रख लो। वक्त का कुछ पता नहीं"

"वक्त?" शाहनी अपनी गीली आँखों से हंस पड़ी। "दाऊद खाँ, इससे अच्छा वक्त देखने के लिए क्या मैं जिन्दा रहूँगी!" किसी गहरी वेदना और तिरस्कार से कह दिया शाहनी ने।

दाऊद खाँ निरुत्तर है। साहस कर बोला, "शाहनी कुछ नकदी जरूरी है।"

"नहीं बच्चा मुझे इस घर से" शाहनी का गला रुंध गया "नकदी प्यारी नहीं। यहाँ की नकदी यहीं रहेगी।"

शेरा आन खड़ा गुजरा कि हो ना हो कुछ मार रहा है शाहनी से। "खाँ साहिब देर हो रही है।"

शाहनी चौंक पड़ी। देर मेरे घर में मुझे देर! आँसुओं की भँवर में न जाने कहाँ से विद्रोह उमड़ पड़ा। मैं पुरखों के इस बड़े घर की रानी और यह मेरे ही अन्न पर पले हुए...नहीं, यह सब कुछ नहीं। ठीक हैदेर हो रही हैपर नहीं, शाहनी रो-रोकर नहीं, शान से निकलेगी इस पुरखों के घर से, मान से लाँघेगी यह देहरी, जिस पर एक दिन वह रानी बनकर आ खड़ी हुई थी। अपने लड़खड़ाते कदमों को सँभालकर शाहनी ने दुपट्टे से आँखें पोछीं और ड्योढ़ी से बाहर हो गयी। बडी-बूढ़ियाँ रो पड़ीं। किसकी तुलना हो सकती थी इसके साथ! खुदा ने सब कुछ दिया था, मगरमगर दिन बदले, वक्त बदले...

शाहनी ने दुपट्टे से सिर ढाँपकर अपनी धुँधली आँखों में से हवेली को अन्तिम बार देखा। शाहजी के मरने के बाद भी जिस कुल की अमानत को उसने सहेजकर रखा आज वह उसे धोखा दे गयी। शाहनी ने दोनों हाथ जोड़ लिए यही अन्तिम दर्शन था, यही अन्तिम प्रणाम था। शाहनी की आँखें फिर कभी इस ऊँची हवेली को न देखी पाएँगी। प्यार ने जोर मारा सोचा, एक बार घूम-फिर कर पूरा घर क्यों न देख आयी मैं? जी छोटा हो रहा है, पर जिनके सामने हमेशा बड़ी बनी रही है उनके सामने वह छोटी न होगी। इतना ही ठीक है। बस हो चुका। सिर झुकाया। ड्योढ़ी के आगे कुलवधू की आँखों से निकलकर कुछ बन्दें चू पड़ीं। शाहनी चल दी ऊंचा-सा भवन पीछे खड़ा रह गया। दाऊद खाँ, शेरा, पटवारी, जैलदार और छोटे-बड़े, बच्चे, बूढ़े-मर्द औरतें सब पीछे-पीछे।

ट्रकें अब तक भर चुकी थीं। शाहनी अपने को खींच रही थी। गाँव वालों के गलों में जैसे धुँआ उठ रहा है। शेरे, खूनी शेरे का दिल टूट रहा है। दाऊद खाँ ने आगे बढ़कर ट्रक का दरवाजा खोला। शाहनी बढ़ी। इस्माइल ने आगे बढ़कर भारी आवाज से कहा, "शाहनी, कुछ कह जाओ। तुम्हारे मुँह से निकली असीस झूठ नहीं हो सकती!" और अपने साफे से आँखों का पानी पोछ लिया। शाहनी ने उठती हुई हिचकी को रोककर रुँधे-रुँधे से कहा, "रब्ब तुहानू सलामत रखे बच्चा, खुशियाँ बक्शे...।"

वह छोटा-सा जनसमूह रो दिया। जरा भी दिल में मैल नहीं शाहनी के। और हम—हम शाहनी को नहीं रख सके। शेरे ने बढ़कर शाहनी के पाँव छुए, "शाहनी कोई कुछ कर नहीं सका। राज भी पलट गया" शाहनी ने काँपता हुआ हाथ शेरे के सिर पर रखा और रुक-रुककर कहा, "तैनू भाग जगण चन्ना!" (ओ चाद तेरे भाग्य जागें) दाऊद खाँ ने हाथ का संकेत किया। कुछ बड़ी-बूढ़ियाँ शाहनी के गले लगीं और ट्रक चल पड़ा।

अन्न-जल उठ गया। वह हवेली, नई बैठक, ऊँचा चौबारा, बड़ा 'पसार' एक-एक करके घूम रहे हैं शाहनी की आँखों में! कुछ पता नहीं ट्रक चल दिया है या वह स्वयं चल रही है। आँखें बरस रही हैं। दाऊद खाँ विचलित होकर देख रहा है इस बूढ़ी शाहनी को। कहाँ जाएगी अब वह?

"शाहनी मन में मैल न लाना। कुछ कर सकते तो उठा न रखते! वकत ही ऐसा है। राज पलट गया है, सिक्का बदल गया है..."

रात को शाहनी जब कैंप में पहुँचकर जमीन पर पड़ी तो लेटे-लेटे आहत मन से सोचा 'राज पलट गया है...सिक्का क्या बदलेगा? वह तो मैं वहीं छोड़ आयी।...'

और शाहजी की शाहनी की आँखें और भी गीली हो गयीं!

आसपास के हरे-हरे खेतों से घिरे गाँवों में रात खून बरसा रही थी...

शायद राज पलटा भी खा रहा था और... सिक्का बदल रहा था।

कमलेश्वर

जन्म : 6 जनवरी, 1932, मैनपुरी (उ.प्र.) में। नई कहानी के सशक्त कहानीकार, जो कस्बाई जीवन को उसके विविध आयामों में व्यक्त करने के लिए प्रसिद्ध हैं। कहानियों के अतिरिक्त कई उपन्यास, यात्रावृत्त प्रकाशित। अनेक फिल्मों के पटकथा-लेखक। इनकी रचनाओं का प्रधान स्वर मानवीयता का है। इनकी मृत्यु सन् 2007 में हुई।

'नई कहानी' आन्दोलन की अगुवाई करने वाले कमलेश्वर ने हिन्दी कहानी को नयी ऊँचाइयों तक ला खड़ा किया। आज़ादी के बाद की स्थितियों में हालाँकि बहुत परिवर्तन नहीं आया था, मगर समाज नये और पुराने मूल्यों के संघर्ष और अन्तर्द्वन्द्व से लगातार जूझ रहा था। इसलिए उनकी कहानियों को समझना है तो उनके जीवन संदर्भों के साथ-साथ उस समय की राजनीतिक तथा सामाजिक घटनाओं को भी समझना होगा। कमलेश्वर के लेखन की सबसे बड़ी उपलब्धि यह है कि उनका जीवन दर्शन प्रभावारोपित नहीं, उनके अपने अनुभवों से बने व्यक्तित्व का सहज प्रोजेक्शन है।

प्रकाशित रचनाएँ : राजा निरबंसिया, क़स्बे का आदमी, बयान, जार्ज पंचम की नाक, खोई हुई दिशाएँ, मांस का दरिया, इतने अच्छे दिन, कोहरा, रावल की रेल, समग्र कहानियाँ, आज़ादी मुबारक (कहानी संग्रह); एक सड़क सत्तावन गलियाँ, लौटे हुए मुसाफ़िर, तीसरा आदमी, समुद्र में खोया हुआ आदमी, काली आँधी, आगामी अतीत, रेगिस्तान, वही बात, सुबह दोपहर शाम, डाकबंगला, कितने पाकिस्तान (उपन्यास); नई कहानी की भूमिका, मेरा पन्ना (आलोचना), घटनाचक्र, सिलसिला थमता नहीं, बन्धक नहीं, बन्धक लोकतन्त्र और ये दस्तक देते सवाल (चिन्तन)। कश्मीर रात के बाद, देश-देशान्तर (यात्रा-विवरण); जो मैंने जिया, यादों के चिराग, जलती हुई नदी (आत्मकथा)।

पत्रकारिता : इंगित, नई कहानियाँ, सारिका, श्रीवर्षा, कथायात्रा, गंगा, दैनिक जागरण और दैनिक भास्कर का सम्पादन।

सम्मान : साहित्य अकादेमी पुररकार, शलाका सम्मान आदि कई पुरस्कार से सम्मानित।

राजा निरबंसिया

'एक राजा निरबंसिया थे,' माँ कहानी सुनाया करती थीं। उनके आसपास ही चार-पाँच बच्चे अपनी मुट्ठियों में फूल दबाए कहानी समाप्त होने पर गौरों पर चढ़ाने के लिए उत्सुक-से बैठ जाते थे। आटे का सुन्दर-सा चौक पुरा होता, उसी चौक पर मिट्टी की छह गौरें रखी जातीं, जिनमें से ऊपरवाली के बिन्दिया और सिन्दूर लगता, बाकी पाँचों नीचे दबी पूजा ग्रहण करती रहतीं। एक ओर दीपक की बाती स्थिर-सी जलती रहती और मंगल-घट रखा रहता, जिस पर रोली से सथिया बनाया जाता। सभी बैठे बच्चों के मुख पर फूल चढ़ाने की उतावली की जगह कहानी सुनने की सहज स्थिरता उभर आती।

'एक राजा निरबंसिया थे,' माँ सुनाया करती थीं, 'उनके राज में बड़ी खुशहाली थी। सब वरण के लोग अपना-अपना काम-काज देखते थे। कोई दुखी नहीं दिखाई पड़ता था। राजा के एक लक्ष्मी-सी रानी थी, चन्द्रमा-सी सुन्दर और और...राजा को बहुत प्यारी। राजा राज-काज देखते और सुख-से रानी के महल में रहते..."

मेरे सामने मेरे ख्यालों का राजा था, राजा जगपती! तब जगपती से मेरी दाँतकाटी दोस्ती थी, दोनों मिडिल स्कूल में पढ़ने जाते। दोनों एक-से घर के थे, इसलिए बराबरी की निभती थी। मैं मैट्रिक पास करके एक स्कूल में नौकर हो गया और जगपती कस्बे के ही वकील के यहाँ मुहर्रिर। जिस साल जगपती मुहर्रिर हुआ, उसी व्रा पास के गाँव में उसकी शादी हुई, पर ऐसी हुई कि लोगों ने तमाशा बना देना चाहा। लड़की वालों का कुछ विश्वास था कि शादी के बाद लड़की की विदा नहीं होगी। ब्याह हो जाएगा और सातवीं भाँवर तब पड़ेगी, जब पहली विदा की सायत होगी और तभी लड़की अपनी ससुराल जाएगी। जगपती की पत्नी थोड़ी-बहुत पढ़ी-लिखी थी, पर घर की लीक को कौन मेटे! बारात बिना बहू के वापस आ गयी और लड़के वालों ने तै कर लिया कि अब जगपती की शादी कहीं और कर दी जाएगी, चाहे कानी-लूली से हो, पर वह लड़की अब घर में नहीं आएगी। लेकिन साल खतम होते-होते सब ठीक-ठाक हो गया। लड़की वालों ने माफी माँग ली और जगपती की पत्नी अपनी ससुराल आ ही गयी।

जगपती को जैसे सब-कुछ मिल गया और सास ने बहू की बलइयाँ लेकर घर

की चाभियाँ सौंप दीं, गृहस्थी का ढंग-चार समझा दिया। जगपती की माँ न जाने कब से आस लगाए बैठी थीं। उन्होंने आराम की साँस ली। पूजा-पाठ में समय कटने लगा, दोपहरियाँ दूसरे घरों के आँगन में बीतने लगीं। पर साँस का रोग था उन्हें, सो एक दिन उन्होंने अपनी अंतिम घड़ियाँ गिनते हुए चन्दा को पास बुलाकर समझाया था—"बेटा, जगपती बड़े लाड़-प्यार से पाला है। जब से तुम्हारे ससुर नहीं रहे, तब से इसके छोटे-छोटे हठ को पूरा करती रही हूँ...अब तुम ध्यान रखना।" फिर रुककर उन्होंने कहा था "जगपती किसी लायक हुआ है, तो रिश्तेदारों की आँखों में करकने लगा है। तुम्हारे बाप ने ब्याह के वक्त नादानी की, तुम्हें विदा नहीं किया। मेरे दुश्मन देवर-जेठों को मौका मिल गया। तूमार खड़ा कर दिया कि अब विदा करवाना नाक कटवाना है।...जगपती का ब्याह क्या हुआ, उन लोगों की छाती पर साँप लोट गया। सोचा, घर की इज्जत रखने की आड़ लेकर रंग से भंग कर दें।...अब बेटा, इस घर की लाज तुम्हारी लाज है। आज को तुम्हारे ससुर होते, तो भला..." कहते-कहते माँ की आँखों में आँसू आ गए, और वह जगपती की देखभाल उसे सौंपकर सदा के लिए मौन हो गयी थीं।

एक अरमान उनके साथ ही चला गया कि जगपती की सन्तान को, चार बरस इन्तज़ार करने के बाद भी वह गोद में न खिला पाई। और चन्दा ने मन में सब्र कर लिया था, यही सोचकर कि कुल-देवता का अंश तो उसे जीवन-भर पूजने को मिल गया था। घर में चारों तरफ जैसे उदारता बिखरी रहती, अपनापा बरसता रहता। उसे लगता, जैसे घर की अँधेरी, एकान्त कोठरियों में वह शान्त शीतलता है जो उसे भरमा लेती है। घर की सब कुंडियों की खनक उसके कानों में बस गयी थी, हर दरवाजे की चरमराहट पहचान बन गयी थी।

'एक रोज राजा आखेट को गए,' माँ सुनाती थीं, 'राजा आखेट को जाते थे, तो सातवें रोज जरूर महल में लौट आते थे। पर उस दफा जब गए, तो सातवाँ दिन निकल गया, पर राजा नहीं लौटे। रानी को बड़ी चिन्ता हुई। रानी एक मंत्री को साथ लेकर खोज में निकलीं।'

और इसी बीच जगपती को रिश्तेदारी की एक शादी में जाना पड़ा। उसके दूर रिश्ते के भाई दयाराम की शादी थी। कह गया था कि दसवें दिन जरूर वापस आ जाएगा। पर छठे दिन ही खबर मिली कि बारात घर लौटने पर दयाराम के घर डाका पड़ गया। किसी मुखबिर ने सारी खबरें पहुँचा दी थीं कि लड़कीवालों ने दयाराम का घर सोने-चाँदी से पाट दिया है आखिर पुश्तैनी जमींदार की इकलौती लड़की थी। घर आए मेहमान लगभग विदा हो चुके थे। दूसरे रोज जगपती भी चलने वाला था, पर उसी रात डाका पड़ा। जवान आदमी, भला खून मानता है! डाकेवालों ने जब बन्दूकें चलाई, तो सबकी घिग्घी बँध गयी। पर जगपती और दयाराम ने छाती ठोककर लाठियाँ उठा लीं। घर में कोहराम मच गया। फिर

सन्नाटा छा गया। डाकेवाले बराबर गोलियाँ दाग रहे थे। बाहर का दरवाजा टूट चुका था। पर जगपती ने हिम्मत बढ़ाते हुए हाँक लगाई, "ये हवाई बन्दूकें इन तेल-पिलाई लाठियों का मुकाबला नहीं कर पाएँगी, जवानो।"

पर दरवाजे तड़-तड़ टूटते रहे, और अन्त में एक गोली जगपती की जाँघ को पार करती निकल गयी, दूसरी उसकी जाँघ के ऊपर कूल्हे में समा कर रह गयी।

चंदा रोती-कलपती और मनौतियाँ मानती जब वहाँ पहुँची, तो जगपती अस्पताल में था। दयाराम के थोड़ी चोट आई थी। उसे अस्पताल से छुट्टी मिल गयी थी। जगपती की देखभाल के लिए वहीं अस्पताल में मरीजों के रिश्तेदारों के लिए जो कोठरियाँ बनीं थीं, उन्हीं में चंदा को रुकना पड़ा। कस्बे के अस्पताल से दयाराम का गाँव चार कोस पड़ता था। दूसरे-तीसरे वहाँ से आदमी आते-जाते रहते, जिस सामान की जरूरत होती, पहुँचा जाते।

पर धीरे-धीरे उन लोगों ने भी खबर लेना छोड़ दिया। एक दिन में ठीक होनेवाला घाव तो था नहीं। जाँघ की हड्डी चटख गयी थी और कूल्हे में ऑपरेशन से छः इंच गहरा घाव था।

कस्बे का अस्पताल था। कंपाउंडर ही मरीजों की देखभाल रखते। बड़ा डॉक्टर तो नाम के लिए था या कस्बे के बड़े आदमियों के लिए। छोटे लोगों के लिए तो कम्पोटर साहब ही ईश्वर के अवतार थे। मरीजों की देखभाल करनेवाले रिश्तेदारों की खाने-पीने की मुश्किलों से लेकर मरीज की नब्ज तक सँभालते थे। छोटी-सी इमारत में अस्पताल आबाद था। रोगियों की सिर्फ छः-सात खाटें थी। मरीजों के कमरे से लगा दवा बनाने का कमरा था, उसी में एक ओर एक आराम कुर्सी थी और एक नीची-सी मेज। उसी कुर्सी पर बड़ा डॉक्टर आकर कभी-कभार बैठता था, नहीं तो बचनसिंह कंपाउंडर ही जमे रहते। अस्पताल में या तो फौजदारी के शहीद आते या गिर-गिरा के हाथ-पैर तोड़ लेने वाले एक-आध लोग। छठे-छमासे कोई औरत दिख गयी तो दीख गयी, जैसे उन्हें कभी रोग घेरता ही नहीं था। कभी कोई बीमार पड़ती तो घरवाले हाल बता के आठ-दस रोज की दवा एक साथ ले जाते और फिर उसके जीने-मरने की खबर तक न मिलती।

उस दिन बचनसिंह जगपती के घाव की पट्टी बदलने आया। उसके आने में और पट्टी खोलने में कुछ ऐसी लापरवाही थी, जैसे गलत बँधी पगड़ी को ठीक से बाँधने के लिए खोल रहा हो। चन्दा उसकी कुर्सी के पास ही साँस रोके खड़ी थी। वह और रोगियों से बात करता जा रहा था। इधर मिनट-भर को देखता, फिर जैसे अभ्यस्त-से उसके हाथ अपना काम करने लगते। पट्टी एक जगह खून से चिपक गयी थी, जगपती बुरी तरह कराह उठा। चन्दा के मुँह से चीख निकल गई। बचनसिंह ने सतर्क होकर देखा तो चन्दा मुख में धोती का पल्ला खोंसे अपनी भयातुर आवाज दबाने की चेष्टा कर रही थी। जगपती एकबारगी मछली-सा

तड़पकर रह गया। बचनसिंह की उँगलियाँ थोड़ी-सी थरथराई कि उसकी बाँह पर टप-से चन्दा का आँसू चू पड़ा।

बचनसिंह सिहर-सा गया और उसके हाथों की अभ्यस्त निठुराई को जैसे किसी मानवीय कोमलता ने धीरे-से छू दिया। आहों, कराहों, दर्द-भरी चीखों और चटखते शरीर के जिस वातावरण में रहते हुए भी वह बिल्कुल अलग रहता था, फोड़ों को पके आम-सा दबा देता था, खाल को आलू-सा छील देता था उसके मन से जिस दर्द का अहसास उठ गया था, वह उसे आज फिर हुआ और वह बच्चे की तरह फूँक-फूँककर पट्टी को नम करके खोलने लगा। चंदा की ओर धीरे-से निगाह उठाकर देखते हुए फुसफुसाया, "चू...चू...रोगी की हिम्मत टूट जाती है ऐसे।"

पर जैसे यह कहते-कहते उसका मन खुद अपनी बात से उचट गया। यह बेपरवाही तो चीख और कराहों की एकरसता से उसे मिली थी, रोगी की हिम्मत बढ़ाने की कर्तव्यनिष्ठा से नहीं। जब तक वह घाव की मरहम-पट्टी करता रहा, तब तक किन्हीं दो आँखों की करूणा उसे घेरे रही।

और हाथ धोते समय वह चन्दा की उन चूड़ियों से भरी कलाइयों को बेझिझक देखता रहा, जो अपनी खुशी उससे माँग रही थीं। चन्दा पानी डालती जा रही थी और बचनसिंह हाथ धोते-धोते उसकी कलाइयों, हथेलियों और पैरों को देखता जा रहा था। दवाखाने की ओर जाते हुए उसने चन्दा को हाथ के इशारे से बुलाकर कहा, "दिल छोटा मत करना जाँघ का घाव तो दस रोज में भर जाएगा, कूल्हे का घाव कुछ दिन जरूर लेगा। अच्छी से अच्छी दवाई दूँगा। दवाइयाँ तो ऐसी हैं कि मुर्दे को चंगा कर दें। पर हमारे अस्पताल में नहीं आतीं, फिर भी।"

"तो किसी दूसरे अस्पताल से नहीं आ सकतीं वो दवाइयाँ?" चन्दा ने पूछा।

"आ तो सकती हैं, पर मरीज को अपना पैसा खरचना पड़ता है उनमें।" बचनसिंह ने कहा।

चन्दा चुप रह गयी तो बचनसिंह के मुँह से अनायास ही निकल पड़ा, "किसी चीज की जरूरत हो तो मुझे बताना। रही दवाइयाँ, सो कहीं न कहीं से इन्तजाम करके ला दूँगा। महकमे से मगाएगे, तो आते-अवाते महीनों लग जाएँगे। शहर के डॉक्टर से मँगवा दूँगा। ताकत की दवाइयों की बड़ी जरूरत है उन्हें। अच्छा, देखा जाएगा। कहते-कहते वह रुक गया।

चन्दा से तज्ञता भरी नजरों से उसे देखा और उसे लगा जैसे आँधी में उड़ते पत्ते को कोई अटकाव मिल गया हो। आकर वह जगपती की खाट से लगकर बैठ गई। उसकी हथेली लेकर वह सहलाती रही। नाखूनों को अपने पोरों से दबाती रही।

धीरे-धीरे बाहर अँधेरा बढ़ चला। बचनसिंह तेल की एक लालटेन लाकर मरीजों

के कमरे के एक कोने में रख गया। चन्दा ने जगपती की कलाई दाबते-दाबते धीरे से कहा, "कंपाउंडर साहब कह रहे थे।" और इतना कहकर वह जगपती का ध्यान आकृष्ट करने के लिए चुप हो गयी।

"क्या कह रहे थे?" जगपती अनमने स्वर में बोला।

"कुछ ताकत की दवाइयाँ तुम्हारे लिए जरूरी हैं!"

"मैं जानता हूँ।"

"पर।"

"देखो चन्दा, चादर के बराबर ही पैर फैलाए जा सकते हैं। हमारी औकात इन दवाइयों की नहीं है।

"औकात आदमी की देखी जाती है कि पैसे की, तुम तो।"

"देखा जाएगा।"

"कंपाउंडर साहब इन्तजाम कर देंगे, उनसे कहूँगी मैं।"

"नहीं चन्दा, उधारखाते से मेरा इलाज नहीं होगा चाहे एक के चार दिन लग जाएँ।"

"इसमें तो।"

"तुम नहीं जानतीं, कर्ज कोढ़ का रोग होता है, एक बार लगने से तन तो गलता ही है, मन भी रोगी हो जाता है।

"लेकिन ..." कहते-कहते वह रुक गई।

जगपती अपनी बात की टेक रखने के लिए दूसरी ओर मुँह घुमाकर लेटा रहा।

और तीसरे रोज जगपती के सिरहाने कई ताकत की दवाइयाँ रखी थीं, और चंदा की ठहरने वाली कोठरी में उसके लेटने के लिए एक खाट भी पहुँच गयी थी। चंदा जब आई, तो जगपती के चेहरे पर मानसिक पीड़ा की असंख्य रेखाएँ उभरी थीं, जैसे वह अपनी बीमारी से लड़ने के अलावा स्वयं अपनी आत्मा से भी लड़ रहा हो चंदा की नादानी और स्नेह से भी उलझ रहा हो और सबसे ऊपर सहायता करनेवाले की दया से जूझ रहा हो।

चन्दा ने देखा तो यह सब सह न पाई। उसके जी में आया कि कह दे, क्या आज तक तुमने कभी किसी से उधार पैसे नहीं लिए? पर वह तो खुद तुमने लिए थे और तुम्हें मेरे सामने स्वीकार नहीं करना पड़ा था। इसीलिए लेते झिझक नहीं लगी, पर आज मेरे सामने उसे स्वीकार करते तुम्हारा झूठा पौरूष तिलमिलाकर जाग पड़ा है। पर जगपती के मुख पर बिखरी हुई पीड़ा में जिस आदर्श की गहराई थी, वह चन्दा के मन में चोर की तरह घुस गयी, और बड़ी स्वाभाविकता से उसने माथे पर हाथ फेरते हुए कहा, "ये दवाइयाँ किसी की मेहरबानी नहीं हैं। मैंने हाथ का कड़ा बेचने को दे दिया था, उसी में आई हैं।"

"मुझसे पूछा तक नहीं और..." जगपती ने कहा और जैसे खुद मन की कमजोरी को दाब गया – कड़ा बेचने से तो अच्छा था कि बचनसिंह की दया ही ओढ़ ली जाती। और उसे हल्का-सा पछतावा भी था कि नाहक वह रौ में बड़ी-बड़ी बातें कह जाता है, ज्ञानियों की तरह सीख दे देता है।

और जब चन्दा अँधेरा होते उठकर अपनी कोठरी में सोने के लिए जाने को हुई, तो कहते-कहते यह बात दबा गयी कि बचनसिंह ने उसके लिए एक खाट का इन्तजाम भी कर दिया है। कमरे से निकली, तो सीधी कोठरी में गयी और हाथ का कड़ा लेकर सीधे दवाखाने की ओर चली गयी, जहाँ बचनसिंह अकेला डॉक्टर की कुर्सी पर आराम से टाँगें फैलाए लैम्प की पीली रोशनी में लेटा था। जगपती का व्यवहार चन्दा को लग गया था, और यह भी कि वह क्यों बचनसिंह का अहसान अभी से लाद ले, पति के लिए जेवर की कितनी औकात है। वह बेधड़क-सी दवाखाने में घुस गई। दिन की पहचान के कारण उसे कमरे की मेज-कुर्सी और दवाओं की अलमारी की स्थिति का अनुमान था, वैसे कमरा अँधेरा ही पड़ा था, क्योंकि लैम्प की रोशनी केवल अपने वृत्त में अधिक प्रकाशवान होकर कोनों के अँधेरे को और भी घनीभूत कर रही थी। बचनसिंह ने चन्दा को घुसते ही पहचान लिया। वह उठकर खड़ा हो गया। चन्दा ने भीतर कदम तो रख दिया, पर सहसा सहम गयी, जैसे वह किसी अँधेरे कुएँ में अपने-आप कूद पड़ी हो, ऐसा कुआँ, जो निरन्तर पतला होता गया है और जिसमें पानी की गहराई पाताल की पर्तों तक चली गयी हो, जिसमें पड़कर वह नीचे धँसती चली जा रही हो, नीचे अँधेरा एकाँत घुटन पाप!

बचनसिंह अवाक् ताकता रह गया और चंदा ऐसे वापस लौट पड़ी, जैसे किसी काले पिशाच के पंजों से मुक्ति मिली हो। बचनसिंह के सामने क्षण-भर में सारी परिस्थिति कौंध गयी और उसने वहीं से बहुत संयत आवाज में जबान को दबाते हुए जैसे वायु में स्पष्ट ध्वनित कर दिया – "चन्दा!" वह आवाज इतनी बे-आवाज थी और निरर्थक होते हुए भी इतनी सार्थक थी कि उस खामोशी में अर्थ भर गया।

चन्दा रुक गई।

बचनसिंह उसके पास जाकर रुक गया।

सामने का घना पेड़ स्तब्ध खड़ा था, उसकी काली परछाई की परिधि जैसे एक बार फैलकर उन्हें अपने वृत्त में समेट लेती और दूसरे ही क्षण मुक्त कर देती। दवाखाने का लैम्प सहसा भभककर रुक गया और मरीजों के कमरे से एक कराह की आवाज दूर मैदान के छोर तक जाकर डूब गई।

चंदा ने वैसे ही नीचे ताकते हुए अपने को संयत करते हुए कहा, "यह कड़ा तुम्हें देने आई थी।"

"तो वापस क्यों चली जा रही थीं?"

चन्दा चुप। और दो क्षण रुककर उसने अपने हाथ का सोने का कड़ा धीरे-से उसकी ओर बढ़ा दिया, जैसे देने का साहस न होते हुए भी यह काम आवश्यक था।

बचनसिंह ने उसकी सारी काया को एक बार देखते हुए अपनी आँखें उसके सिर पर जमा दीं, उसके ऊपर पड़े कपड़े के पार नरम चिकनाई से भरे लम्बे-लम्बे बाल थे, जिनकी भाप-सी महक फैलती जा रही थी। वह धीरे-धीरे से बोला, "लाओ।"

चन्दा ने कड़ा उसकी ओर बढ़ा दिया। कड़ा हाथ में लेकर वह बोला, "सुनो।"

चन्दा ने प्रश्न-भरी नजरें उसकी ओर उठा दी।

उनमें झाँकते हुए, अपने हाथ से उसकी कलाई पकड़ते हुए उसने वह कड़ा उसकी कलाई में पहना दिया। चन्दा चुपचाप कोठरी की ओर चल दी और बचनसिंह दवाखाने की ओर।

कालिख बुरी तरह बढ़ गयी थी और सामने खड़े पेड़ की काली परछाई गहरी पड़ गयी थी। दोनों लौट गए थे। पर जैसे उस कालिख में कुछ रह गया था, छूट गया था। दवाखाने का लैम्प जो जलते-जलते एक बार भभका था, उसमें तेल न रह जाने के कारण बत्ती की लौ बीच से फट गयी थी, उसके ऊपर धुएँ की लकीरें बल खाती, साँप की तरह अँधेरे में विलीन हो जाती थीं।

सुबह जब चन्दा जगपती के पास पहुँची और बिस्तर ठीक करने लगी तो जगपती को लगा कि चन्दा बहुत उदास थी। क्षण-क्षण में चन्दा के मुख पर अनगिनत भाव आ-जा रहे थे, जिनमें असमंजस था, पीड़ा थी और निरीहता थी। कोई अदृश्य पाप कर चुकने के बाद हृदय की गहराई से किए गए पश्चाताप—जैसी धूमिल चमक?

"रानी मंत्री के साथ जब निराश होकर लौटीं, तो देखा, राजा महल में उपस्थित थे। उनकी खुशी का ठिकाना न रहा।ऽ माँ सुनाया करती थीं, "पर राजा को रानी का इस तरह मंत्री के साथ जाना अच्छा नहीं लगा। रानी ने राजा को समझाया कि वह तो केवल राजा के प्रति अटूट प्रेम म के कारण अपने को न रोक सकी। राजा-रानी एक-दूसरे को बहुत चाहते थे। दोनों के दिलो में एक बात शूल-सी गड़ती रहती कि उनके कोई सन्तान न थी राजवंश का दीपक बुझने जा रहा था। सन्तान के अभाव में उनका लोक-परलोक बिगड़ा जा रहा था और कुल की मर्यादा नष्ट होने की शंका बढ़ती जा रही थी।

दूसरे दिन बचनसिंह ने मरीजों की मरहम-पट्टी करते वक्त बताया था कि उसका तबादला मैनपुरी के सदर अस्पताल में हो गया है और वह परसों यहाँ

से चला जाएगा। जगपती ने सुना, तो उसे भला ही लगा। आए दिन रोग घेरे रहते हैं, बचनसिंह उसके शहर के अस्पताल में पहुँचा जा रहा है, तो कुछ मदद मिलती ही रहेगी। आखिर वह ठीक तो होगा ही और फिर मैनपुरी के सिवा कहाँ जाएगा? पर दूसरे ही क्षण उसका दिल अकथ भारीपन से भर गया। पता नहीं क्यों, चन्दा के अस्तित्व का ध्यान आते ही उसे इस सूचना में कुछ ऐसे नुकीले काँटे दिखाई देने लगे, जो उसके शरीर में किसी भी समय चुभ सकते थे, जरा-सा बेखबर होने पर बींध सकते थे। और तब उसके सामने आदमी के अधिकार की लक्ष्मण-रेखाएँ धुएँ की लकीर की तरह काँपकर मिटने लगीं और मन में छुपे सन्देह के राक्षस बाना बदल योगी के रूप में घूमने लगे।

और पन्द्रह-बीस रोज बाद जब जगपती की हालत सुधर गयी, तो चन्दा उसे लेकर घर लौट आई। जगपती चलने-फिरने लायक हो गया था। घर का ताला जब खोला, तब रात झुक आई थी। और फिर उनकी गली में तो शाम से ही अँधेरा झरना शुरू हो जाता था। पर गली में आते ही उन्हें लगा, जैसे कि वनवास काटकर राजधानी लौटे हों। नुक्कड़ पर ही जमुना सुनार की कोठरी में सुरही फिंक रही थी, जिसके दराजदार दरवाजों से लालटेन की रोशनी की लकीर झाँक रही थी और कच्ची तम्बाकू का धुआँ रुँधी गली के मुहाने पर बुरी तरह भर गया था। सामने ही मुंशीजी अपनी जिंगला खटिया के गड्ढ़े में, कुप्पी के मद्धिम प्रकाश में खसरा-खतौनी बिछाए मीजान लगाने में मशगूल थे। जब जगपती के घर का दरवाजा खड़का, तो अँधेरे में उसकी चाची ने अपने जँगले से देखा और वहीं से बैठे-बैठे अपने घर के भीतर ऐलान कर दिया – "राजा निरबंसिया अस्पताल से लौट आए कुलमाँ भी आई हैं।"

ये शब्द सुनकर घर के अँधेरे बरोठे में घुसते ही जगपती हाँफकर बैठ गया, झुँझलाकर चंदा से बोला, "अँधेरे में क्या मेरे हाथ-पैर तुड़वाओगी? भीतर जाकर लालटेन जला लाओ न।"

"तेल नहीं होगा, इस वक्त जरा ऐसे ही काम।"

"तुम्हारे कभी कुछ नहीं होगा न तेल न।" कहते-कहते जगपती एकदम चुप रह गया। और चन्दा को लगा कि आज पहली बार जगपती ने उसके व्यर्थ मातृत्व पर इतनी गहरी चोट कर दी, जिसकी गहराई की उसने कभी कल्पना नहीं की थी। दोनों खामोश, बिना एक बात किए अन्दर चले गए।

रात के बढ़ते सन्नाटे में दोनों के सामने दो बातें थीं– जगपती के कानों में जैसे कोई व्यंग्य से कह रहा था – राजा निरबंसिया अस्पताल से आ गए! और चन्दा के दिल में यह बात चुभ रही थी – तुम्हारे कभी कुछ नहीं होगा।

और सिसकती-सिसकती चन्दा न जाने कब सो गई। पर जगपती की आँखों में नींद न आई। खाट पर पड़े-पड़े उसके चारों ओर एक मोहक, भयावना-सा

जाल फैल गया। लेटे-लेटे उसे लगा, जैसे उसका स्वयं का आकार बहुत क्षीण होता-होता बिन्दु-सा रह गया, पर बिन्दु के हाथ थे, पैर थे और दिल की धड़कन भी। कोठरी का घुटा-घुटा-सा अँधियारा, मटमैली दीवारें और गहन गुफाओं-सी अलमारियाँ, जिनमें से बार-बार झाँककर देखता था और वह सिहर उठता था फिर जैसे सब कुछ तब्दील हो गया हो। उसे लगा कि उसका आकार बढ़ता जा रहा है, बढ़ता जा रहा है। वह मनुष्य हुआ, लम्बा-तगड़ा-तन्दुरूस्त पुरूष हुआ, उसकी शिराओं में कुछ फूट पड़ने के लिए व्याकुलता से खौल उठा। उसके हाथ शरीर के अनुपात से बहुत बड़े, डरावने और भयानक हो गए, उनके लम्बे-लम्बे नाखून निकल आए वह राक्षस हुआ, दैत्य हुआ आदिम बर्बर!

और बड़ी तेजी से सारा कमरा एकबारगी चक्कर काट गया। फिर सब धीरे-धीरे स्थिर होने लगा और उसकी साँसें ठीक होती जान पड़ीं। फिर जैसे बहुत कोशिश करने पर घिग्घी बँध जाने के बाद उसकी आवाज फूटी, "चन्दा!"

चन्दा की नरम साँसों की हल्की सरसराहट कमरे में जान डालने लगी। जगपती अपनी पाटी का सहारा लेकर झुका। काँपते पैर उसने जमीन पर रखे और चंदा की खाट के पाए से सिर टिकाकर बैठ गया। उसे लगा, जैसे चन्दा की इन साँसों की आवाज में जीवन का संगीत गूँज रहा है। वह उठा और चन्दा के मुख पर झुक गया। उस अँधेरे में आँखें गड़ाए-गड़ाए जैसे बहुत देर बाद स्वयं चन्दा के मुख पर आभा फूटकर अपने-आप बिखरने लगी। उसके नक्श उज्ज्वल हो उठे और जगपती की आँखों को ज्योति मिल गई। वह मुग्ध-सा-ताकता रहा।

चन्दा के बिखरे बाल, जिनमें हाल के जन्मे बच्चे के गभुआरे बालों की-सी महक दूध की कचाइंध शरीर के रस की-सी मिठास और स्नेह-सी चिकनाहट और वह माथा जिस पर बालों के पास तमाम छोटे-छोटे, नरम-नरम-नरम-से रोएँ रेशम से और उस पर कभी लगाई गयी सेंदुर की बिन्दी का हल्का मिटा हुआ-सा आभास नन्हें-नन्हें निर्द्वद्व सोए पलक! और उनकी मासूम-सी काँटों की तरह बरौनियाँ और साँस में घुलकर आती हुई वह आत्मा की निष्कपट आवाज की लय फूल की पंखुरी-से पतले-पतले ओंठ, उन पर पड़ी अछूती रेखाएँ, जिनमें सिर्फ दूध-सी महक!

उसकी आँखों के सामने ममता-सी छा गयी, केवल ममता, और उसके मुख से अस्फुट शब्द निकल गया, "बच्ची!"

डरते-डरते उसके बालों की एक लट को बड़े जतन से उसने हथेली पर रखा और उँगली से उस पर जैसे लकीरें खींचने लगा। उसे लगा, जैसे कोई शिशु उसके अंक में आने के लिए छटपटाकर, निराश होकर सो गया हो। उसने दोनों हथेलियों को पसारकर उसके सिर को अपनी सीमा में भर लेना चाहा कि कोई कठोर चीज उसकी उँगलियों से टकराई।

वह जैसे होश में आया।

बड़े सहारे से उसने चन्दा के सिर के नीचे टटोला। एक रूमाल में बन्धा कुछ उसके हाथ में आ गया। अपने को संयत करता वह वहीं जमीन पर बैठ गया, उसी अंधेरे में उस रुमाल को खोला, तो जैसे साँप सूँघ गया, चंदा के हाथों के दोनों सोने के कड़े उसमें लिपटे थे!

और तब उसके सामने सब सृष्टि धीरे-धीरे टुकड़े-टुकड़े होकर बिखरने लगी। ये कड़े तो चन्दा बेचकर उसका इलाज कर रही थी। वे सब दवाइयाँ और ताकत के टॉनिक उसने तो कहा था, ये दवाइयाँ किसी की मेहरबानी नहीं हैं, मैंने हाथ के कड़े बेचने को दे दिए थे पर उसका गला बुरी तरह सूख गया। जबान जैसे तालु से चिपककर रह गई। उसने चाहा कि चन्दा को झकाझोरकर उठाए, पर शरीर की शक्ति बह-सी गयी थी, रक्त पानी हो गया था।

थोड़ा संयत हुआ, उसने वे कड़े उसी रूमाल में लपेटकर उसकी खाट के कोने पर रख दिए और बड़ी मुश्किल से अपनी खाट की पाटी पकड़कर लुढ़क गया।

चन्दा झूठ बोली! पर क्यों? कड़े आज तक छुपाए रही। उसने इतना बड़ा दुराव क्यों किया? आखिर क्यों? किसलिए? और जगपती का दिल भारी हो गया। उसे फिर लगा कि उसका शरीर सिमटता जा रहा है और वह एक सींक का बना ढाँचा रह गया नितान्त हल्का, तिनके-सा, हवा में उड़कर भटकने वाले तिनके-सा।

उस रात के बाद रोज जगपती सोचता रहा कि चन्दा से कड़े माँगकर बेच ले और कोई छोटा-मोटा कारोबार ही शुरू कर दे, क्योंकि नौकरी छूट चुकी थी। इतने दिन की गैरहाजिरी के बाद वकील साहब ने दूसरा मुहर्रिर रख लिया था। वह रोज यही सोचता पर जब चन्दा सामने आती, तो न जाने कैसी असहाय-सी उसकी अवस्था हो जाती। उसे लगता, जैसे कड़े माँगकर वह चन्दा से पत्नीत्व का पद भी छीन लेगा। मातृत्व तो भगवान ने छीन ही लिया वह सोचता आखिर चन्दा क्या रह जाएगी? एक स्त्री से यदि पत्नीत्व और मातृत्व छीन लिया गया, तो उसके जीवन की सार्थकता ही क्या? चन्दा के साथ वह यह अन्याय कैसे करे? उससे दूसरी आँख की रोशनी कैसे माँग ले? फिर तो वह नितान्त अन्धी हो जाएगी और उन कड़ों की माँगने के पीछे जिस इतिहास की आत्मा नंगी हो जाएगी, कैसे वह उस लज्जा को स्वयं ही उधारकर ढाँपेगा?

और वह उन्हीं खयालों में डूबा सुबह से शाम तक इधर-उधर काम की टोह में घूमता रहता। किसी से उधार ले ले? पर किस सम्पत्ति पर? क्या है उसके पास, जिसके आधार पर कोई उसे कुछ देगा? और मुहल्ले के लोग जो एक-एक पाई पर जान देते हैं, कोई चीज खरीदते वक्त भाव में एक पैसा कम मिलने पर मीलों पैदल जाकर एक पैसा बचाते हैं, एक-एक पैसे की मसाले की पुड़िया बँधवाकर ग्यारह मर्तबा पैसों का हिसाब जोड़कर एकाध पैसा उधारकर, मिन्नतें

करते सौदा घर लाते हैं गली में कोई खोंचेवाला फँस गया, तो दो पैसे की चीज को लड़-झगड़कर – चार दाने ज्यादा पाने की नीयत से – दो जगह बँधवाते हैं। भाव के जरा-से फर्क पर घंटों बहस करते हैं, शाम को सड़ी-गली तरकारियों को किफायत के कारण लाते हैं, ऐसे लोगों से किस मुँह से माँगकर वह उनकी गरीबी के अहसास पर ठोकर लगाए!

पर उस दिन शाम को जब वह घर पहुँचा, तो बरोठे में ही एक साइकिल रखी नजर आई। दिमाग पर बहुत जोर डालने के बाद भी वह आगन्तुक की कल्पना न कर पाया। भीतरवाले दरवाजे पर जब पहुँचा, तो सहसा हँसी की आवाज सुनकर ठिठक गया। उस हँसी में एक अजीब-सा उन्माद था। और उसके बाद चन्दा का स्वर –

"अब आते ही होंगे, बैठिए न दो मिनट और! अपनी आँख से देख लीजिए और उन्हें समझाते जाइए कि अभी तन्दुरूस्ती इस लायक नहीं, जो दिन-दिन-भर घूमना बर्दाश्त कर सकें।"

"हाँ भई, कमजोरी इतनी जल्दी नहीं मिट सकती, खयाल नहीं करेंगे तो नुकसान उठाएँगे!" कोई पुरूष-स्वर था यह।

जगपती असमँजस में पड़ गया। वह एकदम भीतर घुस जाए? इसमें क्या हर्ज है? पर जब उसने पैर उठाए, तो वे बाहर जा रहे थे। बाहर बरोठे में साइकिल को पकड़ते ही उसे सूझ आई, वहीं से जैसे अनजान बनता बड़े प्रयत्न से आवाज को खोलता चिल्लाया, "अरे चन्दा! यह साइकिल किसकी है? कौन मेहरबान।"

चन्दा उसकी आवाज सुनकर कमरे से बाहर निकलकर जैसे खुश-खबरी सुना रही थी, "अपने कंपाउंडर साहब आए हैं। खोजते-खोजते आज घर का पता पाए हैं, तुम्हारे इन्तजार में बैठे हैं।"

"कौन बचनसिंह? अच्छा अच्छा। वही तो मैं कहूँ, भला कौन।" कहता जगपती पास पहुँचा, और बातों में इस तरह उलझ गया, जैसे सारी परिस्थिति उसने स्वीकार कर ली हो।

बचनसिंह जब फिर आने की बात कहकर चला गया, तो चन्दा ने बहुत अपनेपन से जगपती के सामने बात शुरू की, "जाने कैसे-कैसे आदमी होते हैं।"

"क्यों, क्या हुआ? कैसे होते हैं आदमी?" जगपती ने पूछा।

"इतनी छोटी जान-पहचान में तुम मर्दों के घर में न रहते घुसकर बैठ सकते हो? तुम तो उल्टे पैरों लौट आओगे।" चन्दा कहकर जगपती के मुख पर कुछ इच्छित प्रतिक्रिया देख सकने के लिए गहरी निगाहों से ताकने लगी।

जगपती ने चन्दा की ओर ऐसे देखा, जैसे यह बात भी कहने की या पूछने की है! फिर बोला, "बचनसिंह अपनी तरह का आदमी है, अपनी तरह का अकेला।"

"होगा पर" कहते-कहते चन्दा रुक गई।

"आड़े वक्त काम आने वाला आदमी है, लेकिन उससे फायदा उठा सकना जितना आसान है उतना मेरा मतलब है कि जिससे कुछ लिया जाएगा, उसे दिया भी जाएगा। जगपती ने आँखें दीवार पर गड़ाते हुए कहा।"

और चन्दा उठकर चली गई।

उस दिन के बाद बचनसिंह लगभग रोज ही आने-जाने लगा। जगपती उसके साथ इधर-उधर घूमता भी रहता। बचनसिंह के साथ वह जब तक रहता, अजीब-सी घुटन उसके दिल को बाँध लेती, और तभी जीवन की तमाम विषमताएँ भी उसकी निगाहों के सामने उभरने लगतीं, आखिर वह स्वयं एक आदमी है बेकार यह माना कि उसके सामने पेट पालने की कोई इतनी विकराल समस्या नहीं, वह भूखों नहीं मर रहा है, जाड़े में काँप नहीं रहा है, पर उसके दो हाथ-पैर हैं शरीर का पिंजरा है, जो कुछ माँगता है कुछ! और वह सोचता, यह कुछ क्या है? सुख? शायद हाँ, शायद नहीं। वह तो दुरूख में भी जी सकने का आदी है, अभावों में जीवित रह सकने वाला आश्चर्यजनक कीड़ा है। तो फिर वासना? शायद हाँ, शायद नहीं। चन्दा का शरीर लेकर उसने उस क्षणिकता को भी देखा है। तो फिर धन शायद हाँ, शायद नहीं। उसने धन के लिए अपने को खपाया है। पर वह भी तो उस अदृश्य प्यास को बुझा नहीं पाया। तो फिर? तो फिर क्या? वह कुछ क्या है, जो उसकी आत्मा में नासूर-सा रिसता रहता है, अपना उपचार माँगता है? शायद काम! हाँ, यही, बिल्कुल यही, जो उसके जीवन की घड़ियों को निपट सूना न छोड़े, जिसमें वह अपनी शक्ति लगा सके, अपना मन डुबो सके, अपने को सार्थक अनुभव कर सके, चाहे उसमें सुख हो या दुख, अरक्षा हो या सुरक्षा, शोषण हो या पोषण उसे सिर्फ काम चाहिए! करने के लिए कुछ चाहिए। यही तो उसकी प्रति आवश्यकता है, पहली और आखिरी माँग है, क्योंकि वह उस घर में नहीं पैदा हुआ, जहाँ सिर्फ जबान हिलाकर शासन करने वाले होते हैं। वह उस घर में भी नहीं पैदा हुआ, जहाँ सिर्फ माँगकर जीनेवाले होते हैं। वह उस घर का है, जो सिर्फ काम करना जानता है, काम ही जिसकी आस है। सिर्फ वह काम चाहता है, काम।

और एक दिन उसकी काम-धाम की समस्या भी हल हो गई। तालाब वाले ऊँचे मैदान के दक्षिण ओर जगपती की लकड़ी की टाल खुल गई। बोर्ड तक टंग गया। टाल की जमीन पर लक्ष्मी-पूजन भी हो गया और हवन भी हुआ। लकड़ी की कोई कमी नहीं थी। गाँव से आनेवाली गाड़ियों को, इस कारोबार में पैरे हुए आदमियों की मदद से मोल-तोल करवा के वहाँ गिरवा दिया गया। गाँठें एक ओर रखी गईं, चौलों का चट्टा करीने से लग गया और गुद्दे चीरने के लिए डाल दिए गए। दो-तीन गाड़ियों का सौदा करके टाल चालू कर दी गई। भविष्य में स्वयं पेड़ खरीदकर कटाने का तय किया गया। बड़ी-बड़ी स्कीमें बनीं कि किस तरह

जलाने की लकड़ी से बढ़ाते-बढ़ाते एक दिन इमारती लकड़ी की कोठी बनेगी। चीरने की नई मशीन लगेगी। कारबार बढ़ जाने पर बचनसिंह भी नौकरी छोड़कर उसी में लग जाएगा। और उसने महसूस किया कि वह काम में लग गया है, अब चौबीसों घंटे उसके सामने काम है उसके समय का उपयोग है। दिन-भर में वह एक घंटे के लिए किसी का मित्र हो सकता है, कुछ देर के लिए वह पति हो सकता है, पर बाकी समय? दिन और रात के बाकी घंटे उन घंटों के अभाव को सिर्फ उसका अपना काम ही कर सकता है और अब वह कामदार था।

वह कामदार तो था, लेकिन जब टाल की उस ऊँची जमीन पर पड़े छप्पर के नीचे तखत पर वह गल्ला रखकर बैठता, सामने लगे लकड़ियों के ढेर, कटे हुए पेड़ के तने, जड़ों को लुढ़का हुआ देखता, तो एक निरीहता बरबस उसके दिल को बाँधने लगती। उसे लगता, एक व्यर्थ पिशाच का शरीर टुकड़े-टुकड़े करके उसके सामने डाल दिया गया है। फिर इन पर कुल्हाड़ी चलेगी और इनके रेशे-रेशे अलग हो जाएँगे और तब इनकी ठठरियों को सुखाकर किसी पैसेवाले के हाथ तक पर तौलकर बेच दिया जाएगा।

और तब उसकी निगाहें सामने खड़े ताड़ पर अटक जातीं, जिसके बड़े-बड़े पत्तों पर सुर्ख गर्दनवाले गिद्ध पर फड़फड़ाकर देर तक खामोश बैठे रहते। ताड़ का काला गड़रेदार तना और उसके सामने ठहरी हुई वायु में निस्सहाय काँपती, भारहीन नीम की पत्तियाँ चकराती झड़ती रहतीं धूल-भरी धरती पर लकड़ी की गाड़ियों के पहियों की पड़ी हुई लीक धुँधली-सी चमक उठती और बगलवाले मूँगफल्ली के पेंच की एकरस खरखराती आवाज कानों में भरने लगती। बगलवाली कच्ची पगडंडी से कोई गुजरकर, टीले के ढलान से तालाब की नीचाई में उतर ज़ाता, जिसके गन्दले पानी में कूड़ा तैरता रहता और सूअर कीचड़ में मुँह डालकर उस कूड़े को रौंदते।

दोपहर सिमटती और शाम की धुंध छाने लगती, तो वह लालटेन जलाकर छप्पर के खंभे की कील में टाँग देता और उसके थोड़ी ही देर बाद अस्पतालवाली सड़क से बचनसिंह एक काले धब्बे की तरह आता दिखाई पड़ता।

गहरे पड़ते अँधेरे में उसका आकार धीरे-धीरे बढ़ता जाता और जगपती के सामने जब वह आकर खड़ा होता, तो वह उसे बहुत विशाल-सा लगने लगता, जिसके सामने उसे अपना अस्तित्व डूबता महसूस होता।

एक-आध बिक्री की बातें होतीं और तब दोनों घर की ओर चल देते। घर पहुँचकर बचनसिंह कुछ देर जरूर रुकता, बैठता, इधर-उधर की बातें करता। कभी मौका पड़ जाता, तो जगपती और बचनसिंह की थाली भी साथ लग जाती। चन्दा सामने बैठकर दोनों को खिलाती।

बचनसिंह बोलता जाता, "क्या तरकारी बनी है। मसाला ऐसा पड़ा है कि उसकी भी बहार है और तरकारी का स्वाद भी न मरा। होटलों में या तो

मसाला ही मसाला रहेगा या सिर्फ तरकारी ही तरकारी। वाह! वाह! क्या बात है अन्दाज की!"

और चन्दा बीच-बीच में टोककर बोलती जाती, "इन्हें तो जब तक दाल में प्याज का भुना घी न मिले, तब तक पेट ही नहीं भरता।"

या – "सिरका अगर इन्हें मिल जाए, तो समझो, सब कुछ मिल गया। पहले मुझे सिरका न जाने कैसा लगता था, पर अब ऐसा जबान पर चढ़ा है कि।"

या – "इन्हें कागज-सी पतली रोटी पसन्द ही नहीं आती। अब मुझसे कोई पतली रोटी बनाने को कहे, तो बनती ही नहीं, आदत पड़ गयी है, और फिर मन ही नहीं करता।"

पर चन्दा की आँखें बचनसिंह की थाली पर ही जमीं रहतीं। रोटी निबटी, तो रोटी परोस दी, दाल खत्म नहीं हुई, तो भी एक चमचा और परोस दी।

और जगपती सिर झुकाए खाता रहता। सिर्फ एक गिलास पानी माँगता और चन्दा चौंककर पानी देने से पहले कहती, "अरे तुमने तो कुछ लिया भी नहीं!" कहते-कहते वह पानी दे देती और तब उसके दिल पर गहरी-सी चोट लगती, न जाने क्यों वह खामोशी की चोट उसे बड़ी पीड़ा दे जाती पर वह अपने को समझा लेती, कोई मेहमान तो नहीं हैं माँग सकते थे। भूख नहीं होगी।

जगपती खाना खाकर टाल पर लेटने चला जाता, क्योंकि अभी तक कोई चौकीदार नहीं मिला था। छप्पर के नीचे तख्त पर जब वह लेटता, तो अनायास ही उसका दिल भर-भर आता। पता नहीं कौन-कौन से दर्द एक-दूसरे से मिलकर तरह-तरह की टीस, चटख और ऐंठन पैदा करने लगते। कोई एक रग दुखती तो वह सहलाता भी, जब सभी नसें चटखती हों तो कहाँ-कहाँ राहत का अकेला हाथ सहलाए!

लेटे-लेटे उसकी निगाह ताड़ के उस ओर बनी पुख्ता कब्र पर जम जाती, जिसके सिराहने कँटीला बबूल का एकाकी पेड़ सुन्न-सा खड़ा रहता। जिस कब्र पर एक पर्दानशीन औरत बड़े लिहाज से आकर सवेरे-सवेरे बेला और चमेली के फूल चढ़ा जाती घूम-घूमकर उसके फेरे लेती और माथा टेककर कुछ कदम उदास-उदास-सी चलकर एकदम तेजी से मुड़कर बिसातियों के मुहल्ले में खो जाती। शाम होते फिर आती। एक दीया बारती और अगर की बत्तियाँ जलाती, फिर मुड़ते हुए ओढ़नी का पल्ला कन्धों पर डालती, तो दीये की लौ काँपती, कभी काँपकर बुझ जाती, पर उसके कदम बढ़ चुके होते, पहले धीमे, थके, उदास-से और फिर तेज सधे सामान्य-से। और वह फिर उसी मुहल्ले में खो जाती और तब रात की तनहाइयों में बबूल के काँटों के बीच, उस साँय-साँय करते ऊँचे-नीचे मैदान में जैसे उस कब्र से कोई रूह निकलकर निपट अकेली भटकती रहती।

तभी ताड़ पर बैठे सुर्ख गर्दनवाले गिद्ध मनहूस-सी आवाज में किलबिला उठते

और ताड़ के पत्ते भयानकता से खड़बड़ा उठते। जगपती का बदन काँप जाता और वह भटकती रूह जिन्दा रह सकने के लिए जैसे कब्र की ईंटों में, बबूल के साये-तले दुबक जाती। जगपती अपनी टाँगों को पेट से भींचकर, कंबल से मुँह छुपा औंधा लेट जाता।

तड़के ही ठेके पर लगे लकड़हारे लकड़ी चीरने आ जाते। तब जगपती कंबल लपेट, घर की ओर चला जाता।

"राजा रोज सवेरे टहलने जाते थे," माँ सुनाया करती थीं, "एक दिन जैसे ही महल के बाहर निकलकर आए कि सड़क पर झाड़ू लगानेवाली मेहतरानी उन्हें देखते ही अपना झाड़ूपंजा पटककर माथा पीटने लगी और कहने लगी, "हाय राम! आज राजा निरबंसिया का मुँह देखा है, न जाने रोटी भी नसीब होगी कि नहीं न जाने कौन-सी विपत टूट पड़े!" राजा को इतना दुरूख हुआ कि उल्टे पैरों महल को लौट गए। मंत्री को हुक्म दिया कि उस मेहतरानी का घर नाज से भर दें। और सब राजसी वस्त्र उतार, राजा उसी क्षण जंगल की ओर चले गए। उसी रात रानी को सपना हुआ कि कल की रात तेरी मनोकामना पूरी करनेवाली है। रानी बहुत पछता रही थी। पर फौरन ही रानी राजा को खोजती-खोजती उस सराय में पहुँच गयी, जहाँ वह टिके हुए थे। रानी भेस बदलकर सेवा करने वाली भटियारिन बनकर राजा के पास रात में पहुँची। रातभर उनके साथ रही और सुबह राजा के जगने से पहले सराय छोड़ महल में लौट गई। राजा सुबह उठकर दूसरे देश की ओर चले गए। दो ही दिनों में राजा के निकल जाने की खबर राज-भर में फैल गयी, राजा निकल गए, चारों तरफ यही खबर थी।"

और उस दिन टोले-मुहल्ले के हर आँगन में बरसात के मेह की तरह यह खबर बरसकर फैल गयी कि चन्दा के बाल-बच्चा होने वाला है।

नुक्कड़ पर जमुना सुनार की कोठरी में फिंकती सुरही रुक गई। मुंशीजी ने अपना मीजान लगाना छोड़ विस्फारित नेत्रों से ताककर खबर सुनी। बंसी किरानेवाले ने कुएँ में से आधी गयी रस्सी खींच, डोल मन पर पटककर सुना। सुदर्शन दर्जी ने मशीन के पहिए को हथेली से रगड़कर रोककर सुना। हंसराज पंजाबी ने अपनी नील-लगी मलगुजी कमीज की आस्तीनें चढ़ाते हुए सुना। और जगपती की बेवा चाची ने औरतों के जमघट में बड़े विश्वास, पर भेद-भरे स्वर में सुनाया – "आज छह साल हो गए शादी को न बाल, न बच्चा न जाने किसका पाप है उसके पेट में। और किसका होगा सिवा उस मुसटण्डे कम्पोटर के! न जाने कहाँ से कुलच्छनी इस मुहल्ले में आ गयी! इस गली की तो पुश्तों से ऐसी मरजाद रही है कि गैर-मर्द औरत की परछाई तब नहीं देख पाए। यहाँ के मर्द तो बस अपने घर की औरतों को जानते हैं, उन्हें तो पड़ोसी के घर की जनानियों की गिनती तक नहीं मालूम।" यह कहते-कहते उनका चेहरा तमतमा आया और सब औरतें देवलोक की देवियों की तरह गम्भीर बनी, अपनी पवित्रता की महानता के बोझ से दबी धीरे-

धीरे खिसक गयी।

सुबह यह खबर फैलने से पहले जगपती टाल पर चला गया था। पर सुनी उसने भी आज ही थी। दिन-भर वह तख्त पर कोने की ओर मुँह किए पड़ा रहा। न ठेके की लकड़ियाँ चिराई, न बिक्री की ओर ध्यान दिया, न दोपहर का खाना खाने ही घर गया। जब रात अच्छी तरह फैल गयी, वह हिंसक पशु की भांति उठा। उसने अपनी अँगुलियाँ चटकाई, मुट्ठ बाँधकर बाँह का जोर देखा, तो नसें तनीं और बाँह में कठोर कंपन-सा हुआ। उसने तीन-चार पूरी साँसें खींचीं और मजबूत कदमों से घर की ओर चल पड़ा। मैदान खत्म हुआ ककड़ की सड़क आई सड़क खत्म हुई, गली आई। पर गली के अँधेरे में घुसते ही वह सहम गया, जैसे किसी ने अदृश्य हाथों से उसे पकड़कर सारा रक्त निचोड़ लिया, उसकी फटी हुई शक्ति की नस पर हिम-शीतल होंठ रखकर सारा रस चूस लिया। और गली के अँधेरे की हिकारत-भरी कालिख और भी भारी हो गयी, जिसमें घुसने से उसकी साँस रुक जाएगी घुट जाएगी।

वह पीछे मुड़ा, पर रुक गया। फिर कुछ संयत होकर वह चोरों की तरह निःशब्द कदमों से किसी तरह घर की भीतरी देहरी तक पहुँच गया।

दाईं ओर की रसोईवाली दहलीज में कुप्पी टिमटिमा रही थी और चन्दा अस्त-व्यस्त-सी दीवार से सिर टेके शायद आसमान निहारते-निहारते सो गयी थी। कुप्पी का प्रकाश उसके आधे चेहरे को उजागर किए था और आधा चेहरा गहन कालिमा में डूबा अदृश्य था।

वह खामोशी से खड़ा ताकता रहा। चन्दा के चेहरे पर नारीत्व की प्रौढ़ता आज उसे दिखाई दी। चेहरे की सारी कमनीयता न जाने कहाँ खो गयी थी, उसका अछूतापन न जाने कहाँ लुप्त हो गया था। फूला-फूला मुख। जैसे टहनी से तोड़े फूल को पानी में डालकर ताजा किया गया हो, जिसकी पंखुरियों में टूटन की सुरमई रेखाएँ पड़ गयी हों, पर भीगने से भारीपन आ गया हो।

उसके खुले पैर पर उसकी निगाह पड़ी, तो सूजा-सा लगा। एड़ियाँ भरी, सूजी-सी और नाखूनों के पास अजब-सा सूखापन। जगपती का दिल एक बार मसोस उठा। उसने चाहा कि बढ़कर उसे उठा ले। अपने हाथों से उसका पूरा शरीर छू-छूकर सारा कलुष पोंछ दे, उसे अपनी साँसों की अग्नि में तपाकर एक बार फिर पवित्र कर ले, और उसकी आँखों की गहराई में झाँककर कहे- देवलोक से किस शापवश निर्वासित हो तुम इधर आ गयी, चन्दा? यह शाप तो अमिट था।

तभी चन्दा ने हड़बड़ाकर आँखें खोलीं। जगपती को सामने देख उसे लगा कि वह एकदम नंगी हो गयी हो। अतिशय लज्जित हो उसने अपने पैर समेट लिए। घुटनों से धोती नीचे सरकाई और बहुत संयत-सी उठकर रसोई के अँधेरे में खो गयी।

जगपती एकदम हताश हो, वहीं कमरे की देहरी पर चौखट से सिर टिका बैठ गया। नजर कमरे में गयी, तो लगा कि पराए स्वर यहाँ गूँज रहे हैं, जिनमें चन्दा का भी एक है। एक तरफ घर के हर कोने से, अन्धेरा सैलाब की तरह बढ़ता आ रहा था एध्क अजीब निस्तब्धता असमँजस। गति, पर पथभ्रष्ट! शक्लें, पर आकारहीन।

"खाना खा लेते," चन्दा का स्वर कानों में पड़ा। वह अनजाने ऐसे उठ बैठा, जैसे तैयार बैठा हो। उसकी बात की आज तक उसने अवज्ञा न की थी। खाने तो बैठ गया, पर कौर नीचे नहीं सरक रहा था। तभी चन्दा ने बड़े सधे शब्दों में कहा, "कल मैं गाँव जाना चाहती हूँ।"

जैसे वह इस सूचना से परिचित था, बोला, "अच्छा।"

चन्दा फिर बोली, "मैंने बहुत पहले घर चिट्ठी डाल दी थी, भैया कल लेने आ रहे हैं।"

"तो ठीक है।" जगपती वैसे ही डूबा-डूबा बोला।

चन्दा का बाँध टूट गया और वह वहीं घुटनों में मुँह दबाकर कातर-सी फफक-फफककर रो पड़ी। न उठ सकी, न हिल सकी।

जगपती क्षण-भर को विचलित हुआ, पर जैसे जम जाने के लिए। उसके ओठ फड़के और क्रोध के ज्वालामुखी को जबरन दबाते हुए भी वह फूट पड़ा, ष्यह सब मुझे क्या दिखा रही है? बेशर्म! बेगैरत! उस वक्त नहीं सोचा था, जब जब मेरी लाश तले।"

"तब तबकी बात झूठ है।", सिसकियों के बीच चंदा का स्वर फूटा, "लेकिन जब तुमने मुझे बेच दिया।"

एक भरपूर हाथ चन्दा की कनपटी पर आग सुलगाता पड़ा। और जगपती अपनी हथेली दूसरी से दाबता, खाना छोड़ कोठरी में घुस गया और रात-भर कुंडी चढाए उसी कालिख में घुटता रहा।

दूसरे दिन चन्दा घर छोड़ अपने गाँव चली गई।

जगपती पूरा दिन और रात टाल पर ही काट देता, उसी बीराने में, तालाब के बगल, कब्र, बबूल और ताड़ के पड़ोस में। पर मन मुर्दा हो गया था। जबरदस्ती वह अपने को वहीं रोके रहता। उसका दिल होता, कहीं निकल जाए। पर ऐसी कमजोरी उसके तन और मन को खोखला कर गयी थी कि चाहने पर भी वह जा न पाता। हिकारत-भरी नजरें सहता, पर वहीं पड़ा रहता। काफी दिनों बाद जब नहीं रह गया, तो एक दिन जगपती घर पर ताला लगा, नजदीक के गाँव में लकड़ी कटाने चला गया। उसे लग रहा था कि अब वह पंगु हो गया है, बिलकुल लंगड़ा, एक रेंगता कीड़ा, जिसके न आँख है, न कान, न मन, न इच्छा।

वह उस बाग में पहुँच गया, जहाँ खरीदे पेड़ कटने थे। दो आरे वालों ने पतले

पेड़ के तने पर आरा रखा और कर्र-कर्र का अबाध शोर शुरू हो गया। दूसरे पेड़ पर बन्ने और शकूरे की कुल्हाड़ी बज उठी। और गाँव से दूर उस बाग में एक लयपूर्ण शोर शुरू हो गया। जड़ पर कुल्हाड़ी पड़ती तो पूरा पेड़ थर्रा जाता।

करीब के खेत की मेड़ पर बैठे जगपती का शरीर भी जैसे काँप-काँप उठता। चन्दा ने कहा था, "लेकिन जब तुमने मुझे बेच दिया।" क्या वह ठीक कहती थी! क्या बचनसिंह ने टाल के लिए जो रूपए दिए थे, उसका ब्याज इधर चुकता हुआ? क्या सिर्फ वही रुपए आग बन गए, जिसकी आँच में उसकी सहनशीलता, विश्वास और आदर्श मोम-से पिघल गए?

"शकूरे!" बाग से लगे दड़े पर से किसी ने आवाज लगाई। शकूरे ने कुल्हाड़ी रोककर वहीं से हाँक लगाई, "कोने के खेत से लीक बनी है, जरा मेड़ मारकर नंघा ला गाड़ी।"

जगपती का ध्यान भंग हुआ। उसने मुड़कर दड़े पर आँखें गड़ाईं। दो भैंसा-गाड़ियाँ लकड़ी भरने के लिए आ पहुँची थीं। शकूरे ने जगपती के पास आकर कहा, "एक गाड़ी का भर तो हो गया, बल्कि डेढ़ का अब इस पतरिया पेड़ को न छाँट दें?"

जगपती ने उस पेड़ की ओर देखा, जिसे काटने के लिए शकूरे ने इशारा किया था। पेड़ की शाख हरी पत्तियों से भरी थी। वह बोला, "अरे, यह तो हरा है अभी इसे छोड़ दो।"

"हरा होने से क्या, उखट तो गया है। न फूल का, न फल का। अब कौन इसमें फल-फूल आएँगे, चार दिन में पत्ती झुरा जाएँगी।" शकूरे ने पेड़ की ओर देखते हुए उस्तादी अन्दाज से कहा।

"जैसा ठीक समझो तुम," जगपती ने कहा, और उठकर मेड़-मेड़ पक्के कुएँ पर पानी पीने चला गया।

दोपहर ढलते गाड़ियाँ भरकर तैयार हुईं और शहर की ओर रवाना हो गईं। जगपती को उनके साथ आना पड़ा। गाड़ियाँ लकड़ी से लदीं शहर की ओर चली जा रही थीं और जगपती गर्दन झुकाए कच्ची सड़क की धूल में डूबा, भारी कदमों से धीरे-धीरे उन्हीं की बजती घंटियों के साथ निर्जीव-सा बढ़ता जा रहा था।

"कई बरस बाद राजा परदेस से बहुत-सा धन कमाकर गाड़ी में लादकर अपने देश की ओर लौटे, "माँ सुनाया करती थीं," राजा की गाड़ी का पहिया महल से कुछ दूर पतेल की झाड़ी में उलझ गया। हर तरह कोशिश की, पर पहिया न निकला। तब एक पण्डित ने बताया कि "सकट" के दिन का जन्मा बालक अगर अपने घर की सुपारी लाकर इसमें छुआ दे, तो पहिया निकल जाएगा। वहीं दो बालक खेल रहे थे। उन्होंने यह सुना तो कूदकर पहुँचे और कहने लगे कि हमारी पैदाइश सकट की है, पर सुपारी तब लाएँगे, जब तुम आधा धन

देने का वादा करो। राजा ने बात मान ली। बालक दौड़े-दौड़े घर गए। सुपारी लाकर छुआ दी, फिर घर का रास्ता बताते आगे-आगे चले। आखिर गाड़ी महल के सामने उन्होंने रोक ली।

राजा को बड़ा अचरज हुआ कि हमारे ही महल में ये दो बालक कहाँ से आ गए? भीतर पहुँचे, तो रानी खुशी से बेहाल हो गई।

"पर राजा ने पहले उन बालकों के बारे में पूछा, तो रानी ने कहा कि ये दोनों बालक उन्हीं के राजकुमार हैं। राजा को विश्वास नहीं हुआ। रानी बहुत दुखी हुई।"

गाड़ियाँ जब टाल पर आकर लगीं और जगपती तखत पर हाथ-पैर ढीले करके बैठ गया, तो पगडंडी से गुजरते मुंशीजी ने उसके पास आकर बताया, अभी उस दिन वसूली में तुम्हारी ससुराल के नजदीक एक गाँव में जाना हुआ, तो पता लगा कि पन्द्रह-बीस दिन हुए, चन्दा के लड़का हुआ है। "और फिर जैसे मुहल्ले में सुनी-सुनाई बातों पर पर्दा डालते हुए बोले, "भगवान के राज में देर है, अँधेर नहीं, जगपती भैया!"

जगपती ने सुना तो पहले उसने गहरी नजरों से मुंशीजी को ताका, पर वह उनके तीर का निशाना ठीक-ठीक नहीं खोज पाया। पर सब कुछ सहन करते हुए बोला, "देर और अँधेर दोनों हैं!"

"अँधेर तो सरासर है तिरिया चरित्तर है सब! बड़े-बड़े हार गए हैं..." कहते-कहते मुंशीजी रुक गए, पर कुछ इस तरह, जैसे कोई बड़ी भेद-भरी बात है, जिसे उनकी गोल होती हुई आँखें समझा देंगी।

जगपती मुंशीजी की तरफ ताकता रह गया। मिनट-भर मनहूस-सा मौन छाया रहा, उसे तोड़ते हुए मुंशीजी बड़ी दर्द-भरी आवाज में बोले, "सुन तो लिया होगा, तुमने?"

"क्या?" कहने को जगपती कह गया, पर उसे लगा कि अभी मुंशीजी उस गाँव में फैली बातों को ही बड़ी बेदर्दी से कह डालेंगे, उसने नाहक पूछा।

तभी मुंशीजी ने उसकी नाक के पास मुँह ले जाते हुए कहा, "चन्दा दूसरे के घर बैठ रही है कोई मदसूदन है वहीं का। पर बच्चा दीवार बन गया है। चाहते तो वो यही हैं कि मर जाए तो रास्ता खुले, पर रामजी की मर्जी। सुना है, बच्चा रहते भी वह चन्दा को बैठाने को तैयार है।"

जगपती की साँस गले में अटककर रह गई। बस, आँखें मुंशीजी के चेहरे पर पथराई-सी जड़ी थीं।

मुंशीजी बोले, "अदालत से बच्चा तुम्हें मिल सकता है। अब काहे का शरम-लिहाज!"

"अपना कहकर किस मुँह से माँगूँ, बाबा? हर तरफ तो कर्ज से दबा हूँ, तन से, मन से, पैसे से, इज्जत से, किसके बल पर दुनिया संजोने की कोशिश

करूँ?" कहते-कहते वह अपने में खो गया।

मुंशीजी वहीं बैठ गए। जब रात झुक आई तो जगपती के साथ ही मुंशीजी भी उठे। उसके कन्धे पर हाथ रखे वे उसे गली तक लाए। अपनी कोठरी आने पर पीठ सहलाकर उन्होंने उसे छोड़ दिया। वह गर्दन झुकाए गली के अँधेरे में उन्हीं ख्यालों में डूबा ऐसे चलता चला आया, जैसे कुछ हुआ ही न हो। पर कुछ ऐसा बोझ था, जो न सोचने देता था और न समझने। जब चाची की बैठक के पास से गुजरने लगा, तो सहसा उसके कानों में भनक पड़ी – "आ गए सत्यानासी! कुलबोरन!"

उसने जरा नजर उठाकर देखा, तो गली की चाची-भौजाइयाँ बैठक में जमा थीं और चंदा की चर्चा छिड़ी थी। पर वह चुपचाप निकल गया।

इतने दिनों बाद ताला खोला और बरोठे के अँधेरे में कुछ सूझ न पड़ा, तो एकाएक वह रात उसकी आँखों के सामने घूम गयी, जब वह अस्पताल से चन्दा के साथ लौटा था। बेवा चाची का वह जहर-बुझ तीर, "आ गए राजा निरबंसिया अस्पताल से।" और आज "सत्यानासी! कुलबोरन!" और स्वयं उसका वह वाक्य, जो चन्दा को छेद गया था, "तुम्हारे कभी कुछ न होगा।" और उस रात की शिशु चन्दा!

चन्दा का लड़का हुआ है। वह कुछ और जनती, आदमी का बच्चा न जनती। वह और कुछ भी जनती, कंकड़-पत्थर! वह नारी न बनती, बच्ची ही बनी रहती, उस रात की शिशु चन्दा। पर चन्दा यह सब क्या करने जा रही है? उसके जीते-जी वह दूसरे के घर बैठने जा रही है? कितने बड़े पाप में धकेल दिया चन्दा को पर उसे भी तो कुछ सोचना चाहिए। आखिर क्या? पर मेरे जीते-जी तो यह सब अच्छा नहीं। वह इतनी घृणा बर्दाश्त करके भी जीने को तैयार है, या मुझे जलाने को। वह मुझे नीच समझती है, कायर नहीं तो एक बार खबर तो लेती। बच्चा हुआ तो पता लगता। पर नहीं, वह उसका कौन है? कोई भी नहीं। औलाद ही तो वह स्नेह की धुरी है, जो आदमी-औरत के पहियों को साधकर तन के दलदल से पार ले जाती है नहीं तो हर औरत वेश्या है और हर आदमी वासना का कीड़ा। तो क्या चन्दा औरत नहीं रही? वह जरूर औरत थी, पर स्वयं मैंने उसे नरक में डाल दिया। वह बच्चा मेरा कोई नहीं, पर चन्दा तो मेरी है। एक बार उसे ले आता, फिर यहाँ रात के मोहक अँधेरे में उसके फूल-से अधरों को देखता निर्द्वंद्व सोए पलकों को निहारता साँसों की दूध-सी अछूती महक को समेट लेता।

आज का अँधेरा! घर में तेल भी नहीं जो दीया जला ले। और फिर किसके लिए कौन जलाए? चन्दा के लिए पर उसे तो बेच दिया था। सिवा चन्दा के कौन-सी सम्पत्ति उसके पास थी, जिसके आधार पर कोई कर्ज देता? कर्ज न मिलता तो यह सब कैसे चलता? काम पेड़ कहाँ से कटते? और तब शकूरे के वे शब्द उसके कानों में गूँज गए, "हरा होने से क्या, उखट तो गया है।" वह

स्वयं भी तो एक उखटा हुआ पेड़ है, न फल का, न फूल का, सब व्यर्थ ही तो है। जो कुछ सोचा, उस पर कभी विश्वास न कर पाया। चन्दा को चाहता रहा, पर उसके दिल में चाहत न जगा पाया। उसे कहीं से एक पैसा माँगने पर डाँटता रहा, पर खुद लेता रहा और आज वह दूसरे के घर बैठ रही है उसे छोड़कर वह अकेला है, हर तरफ बोझ है, जिसमें उसकी नस-नस कुचली जा रही हैं, रग-रग फट गयी है। और वह किसी तरह टटोल-टटोलकर भीतर घर में पहुँचा।

"रानी अपने कुल-देवता के मन्दिर में पहुँचीं," माँ सुनाया करती थीं, "अपने सतीत्व को सिद्ध करने के लिए उन्होंने घोर तपस्या की। राजा देखते रहे। कुल-देवता प्रसन्न हुए और उन्होंने अपनी दैवी शक्ति से दोनों बालकों को तत्काल जन्मे शिशुओं में बदल दिया। रानी की छातियों में दूध भर आया और उनमें से धार फूट पड़ी, जो शिशुओं के मुँह में गिरने लगी। राजा को रानी के सतीत्व का सबूत मिल गया। उन्होंने रानी के चरण पकड़ लिए और कहा कि तुम देवी हो! ये मेरे पुत्र हैं! और उस दिन से राजा ने फिर से राज-काज संभाल लिया।"

पर उसी रात जगपती अपना सारा कारोबार त्याग, अफीम और तेल पीकर मर गया क्योंकि चन्दा के पास कोई दैवी शक्ति नहीं थी और जगपती राजा नहीं, बचनसिंह कंपाउंडर का कर्जदार था।

"राजा ने दो बातें कीं," माँ सुनाती थीं, "एक तो रानी के नाम से उन्होंने बहुत बड़ा मन्दिर बनवाया और दूसरे, राज के नए सिक्कों पर बड़े राजकुमार का नाम खुदवाकर चालू किया, जिससे राज-भर में अपने उत्तराधिकारी की खबर हो जाए।"

जगपती ने मरते वक्त दो परचे छोड़े, एक चन्दा के नाम, दूसरा कानून के नाम।

चन्दा को उसने लिखा था, "चन्दा, मेरी अन्तिम चाह यही है कि तुम बच्चे को लेकर चली आना अभी एक-दो दिन मेरी लाश की दुर्गति होगी, तब तक तुम आ सकोगी। चन्दा, आदमी को पाप नहीं, पश्चाताप मारता है, मैं बहुत पहले मर चुका था। बच्चे को लेकर जरूर चली आना।"

कानून को उसने लिखा था, "किसी ने मुझे मारा नहीं है किसी आदमी ने नहीं। मैं जानता हूँ कि मेरे जहर की पहचान करने के लिए मेरा सीना चीरा जाएगा। उसमें जहर है। मैंने अफीम नहीं, रूपए खाए हैं। उन रूपयों में कर्ज का जहर था, उसी ने मुझे मारा है। मेरी लाश तब तक न जलाई जाए, जब तक चंदा बच्चे को लेकर न आ जाए। आग बच्चे से दिलवाई जाए। बस।"

माँ जब कहानी समाप्त करती थीं, तो आसपास बैठे बच्चे फूल चढ़ाते थे।

मेरी कहानी भी खत्म हो गयी, पर...

विद्यासागर नौटियाल

जन्म : 29 सितम्बर, 1933, भागीरथी तट पर बसे मालीदेवल गाँव में, शिक्षा टिहरी, देहरादून, काशी हिन्दू विश्वविद्याल। सन् 1954 में कल्पना अपनी पहली कहानी भैंस का कट्या के प्रकाशन के साथ साहित्य जगत में अपनी पहचान स्थापित करवा लेने वाले विद्यासागर की साठ से अधिक कहानियाँ प्रकाशित हो चुकी हैं। अपनी रचनाओं में वे पर्वतीय प्रदेश से बाहर नहीं निकलते। उस पहाड़ के दबे-कुचले लोगों के बारे में लिखते हैं, जो उनके अनुसार 'सदियों से मेरे भीतर भरा है।'

बहुत छोटी उम्र में टिहरी-गढ़वाल रियासत के विरुद्ध छेड़े गये जन-आन्दोलन में शामिल होने के कारण विद्यासागर एक राजनीतिक कार्यकर्ता के रूप में जाने जाने लगे। 1980 में देवप्रयाग टिहरी से कम्युनिस्ट विधायक निर्वाचित। टिहरी उत्तरकाशी के करीब-करीब समस्त ग्रामों का पैदल भ्रमण करने के अलावा उच्चतम हिमाच्छादित शिखरों की यात्राएँ भी कीं। चिपको आन्दोलन के प्रारम्भिक कार्यकर्ता।

टिहरी बाँध के निर्माण के फलस्वरूप अपने गाँव व शहर से बलात विस्थापित होने के बाद अब देहरादून में स्थायी तौर पर निवास।

सम्पर्क : डी-8, नेहरू कालोनी, देहरादून, उत्तराखण्ड।

सोना

उसका नाम सोनी था पर लोग प्यारवश उसे सोना कहते। बचपन से ही उसके सौंदर्य को देख लोग कहा करते—किसी सेठ घराने में ब्याही जाएगी जहाँ दस तोले की नथ पहन सके।

और ज़्यों-ज़्यों वह बड़ी होती लोग अपनी वाणी दुहराते। धीरे-धीरे सोनी भी समझने लगी और मन-ही-मन खुश होती इस बात पर कि उसका ब्याह किसी सेठ घराने में होगा जहाँ वह बड़ी-से-बड़ी सोने की नथ पहनेगी। सोचती—'लोग नथ देखकर ही कह उठेंगे सेठ की बहू है।'

सुन्दर, बड़ी-सी सोने की नथ पहनने की खुशी में सोनी को उस दिन दर्द भूल गया जब उसकी नाक छेदी गयी—नाक को साधने के लिए यह चाँदी का सूत लगाए रहो, फिर तुम बड़ी हो जाओगी और सोने की नथ पहनोगी। माँ ने कहा।

सोनी की आयु बढ़ती और उसकी नाक का चाँदी का सूत भी मोटा होता जाता।—नथ बहुत मोटी होगी, नाक को अभी से साधती रहो। माँ-बाप प्यार जताते।

फूल के पौधे की तरह सोना इकपत्ती, दुपत्ती, तिपत्ती होती गयी। प्रतिदिन उसके अंगों में उभार आता। हर बीता दिन उसके सौंदर्य में कुछ योग कर जाता। हर आने वाली सुबह उसके यौवन को जगाने की प्रतीक्षा करती। सोना के फूल का पौधा मौसम बदलते ही और खूबसूरत लगता। देखनेवाले कह उठते—अब इस पर फूल लगेगा, सूरजकमल का फूल, सोने के-से रंग वाला।

सोना पानी भरने जाती; लोग कटाक्ष करते—क्या मटक-मटक कर चलती है जैसे अभी से सेठ की बहू बन गयी, नाक पर दस तोले की नथ लग गयी। सोना और मटक कर चलती—दस तोले की नथ मैं ही तो पहनूँगी।

सोना जवान हो गयी—माँगने वाले आने लगे।

एक बूढ़ा दस दर्जे पास बेटे का बाप।

—अपनी लड़की की जन्मपत्री की टीप दे दो। दोनों की जन्मपत्री मिल जाए तो आगे भगवान का अधिकार।

—लड़का क्या कर रहा है?

—अभी उसने इस महीने दसवाँ दर्जा पास किया है। आगे कुछ सरकारी नौकरी देखेगा।

—गहने?

—गहने-उहने कुछ नहीं। लड़का पढ़ा-लिखा है। किस्मत में होगा और परमेश्वर रूठेगा नहीं तो ज़िन्दगी में गहने-ही-गहने होंगे।

—भाई, पढ़ाई-लिखाई से कोई सेठ नहीं बन जाता। तुमने लड़के को पढ़ा लिया तो अच्छा किया, आजकल थोड़ा बहुत पढ़ा लेना भी बहुत ज़रूरी है। पर मैं अपनी बेटी को उसी घर में दे सकता हूँ जहाँ से छः तोले की नथ आ सके।

—मैंने लड़के को पढ़ा लिया अब वह चाहे तो ज़िन्दगी-भर गहने ही बनाता रहे। पर मैं अपनी ओर से गहने नहीं बना सकता, यह मेरी सामर्थ्य से बाहर की बात है।

—तो यह रिश्ता नहीं हो सकेगा।

पास बैठे नत्थू ने, जो अभी जवान था, सलाह दी—चाचा, लड़का दस दर्जे पास है। हमारे घरों में कौन इतना पढ़ता है? मेरी बात मानो तो सोना का हाथ पकड़ा दो। जिन्दगी में गहने नहीं होंगे तो कोई बात नहीं। सुख तो होगा।

—खबरदार नत्थू! ऐसी बात फिर मुँह से मत निकालना। ज़िन्दगी में उसे गहने नहीं मिलेंगे, एक अच्छी-सी नथ नहीं पहनेगी, लोग देखकर रुआब नहीं मानेंगे तो और सुख क्या होगा? नंगी लड़की को क्या सुख हो सकता है?

—चाची को तो पूछ लो चाचा, देखें वे क्या कहती हैं?

—वह क्या कहेगी, उसकी कोई दूसरी राय थोड़े ही हो सकती है। वह यह तो नहीं चाहेगी कि उसकी लड़की की नाक पर एक छोटा-सा चाँदी का सूत लटकता रहे।

—फिर भी पूछ तो लेना चाहिये।

—जा तू ही पूछ आ।

नत्थू अंदर गया, सारी स्थिति समझाई। लड़के के इल्म का बखान किया।

—बेकार है बेटा। पढ़ा-लिखा होगा तो अपने लिए। सोना को तो उससे कुछ भी नहीं मिलेगा। नहीं बैठेगी कुर्सी पर, नहीं घूमेगी डांडी पर—कोई बात नहीं। घास काटेगी, गोबर ढोएगी पर नाक पर सोना तो पहनेगी! यह रिश्ता नहीं हो सकता।

—चाची, सोना को तो पूछ लें, उसकी क्या राय है?

—सोना को पूछने की ज़रूरत ही नहीं है। वह कोई हमसे अलग थोड़े ही है।

—फिर भी उसका मन तो जाँच लें।

सोना ने झाड़ कर जवाब दिया—ऐसी क्या हूँ मैं कोई छोकरी, बिना माँ-बाप की, जो जहाँ चाहो, फेंक दो? सोना ने जान-बूझकर ज़ोर से कहा।

—सुन ले रे नत्थू। अंदर के कमरे से चाची ने आवाज़ दी—सुन लिया तूने सोना का जवाब?

—सुन लिया चाची।

एक से एक आये। सुन्दर, तंदुरुस्त, पढ़े-लिखे लड़कों के बाप। माता-पिताहीन खाते-कमाते लड़कों के रिश्तेदार पर सोना का रिश्ता न हो सका।

जवान लड़की—खूबसूरत। 'बाप के घर में कुँवारी रह जाएगी क्या?' औरतों में चर्चा छिड़ी। 'घर पर ही बुढ़िया बनाने की ठान ली है।'

सोना का बाप अटल रहा—मेरी लड़की कुँवारी रह जाए मुझे मंजूर है। पर मैं दूँगा किसी खानदान में ही। शादी न हो तो न हो, मैं नंगे-भूखों को लड़की नहीं दे सकता। जिस घर से छः तोले की नथ न आ सके वह भी कोई घर है? सोना की माँ अटल, सोना अटल। आखिर छः तोले की नथ आई एक ठेकेदार एक अनपढ़ लड़के को लेकर। रिश्ता पक्का हो गया। अगले महीने ब्याह।

शादी से पहले ही नथ आ गयी, सोने की नथ का वजन पूरे छः तोले। रत्ती-भर कम नहीं, सोना ने पहन ली। दर्द हुआ पर कोई बात नहीं। गाँव की औरतों की बोलती बन्द हो गयी। बड़े-बूढ़े अपनी पोतियों की नाक देखने लगे। गाँव के कुँवारे देखकर शरमा जाते—कभी मेरी भी बात चली थी। पर इतना भाग कहाँ? छः तोले की नथ, सेठ की बहू। किस्मत खुल गयी ठेकेदार की। ऐसा माल कहाँ मिलता?

संयोग की बात। सोना का ब्याह हुआ और उसके पति को एक सड़क के एक ठेके में हजारों का मुनाफा हो गया। ससुर का सीना फूल गया—घर में लक्ष्मी आई है।

सड़क के ठेके से हुए इस मुनाफे का इज़हार सोना की नथ में कुछ और सोना जोड़ उसका वजन बढ़ाकर किया गया। हाथ, पाँव और गले के लिए भी सोने के गहने बनाए गये। 'बहू का भाग्य है, बहू पर ही लगेगा।' सोना का ससुर फूला न समाया।

अब वह चलती तो चलता कि कोई सोने की मूर्ति चल रही है। गाँव में कोई भी बाहरी आता तो सूरत देखकर कह उठता—'ठेकेदार की बहू है।'

इकलौती, लाडली बेटी का समाचार सुनकर बाप बोल उठा।—डेढ़ कौड़ी की इज्जतवाले आ जाते थे—'लड़की दे दो सा'ब।' सारी भयात कहती थी, 'दे दो जी, लड़की को एक-न-एक जगह देना ही तो है।' अब कहे ज़रा कोई गलती की। लड़की सोने की हो गयी। खानदानी लड़का है। समधी खूब समझता है बहू की कीमत। लोग सुनते और चुप हो जाते।

सोना की गोद में एक बच्चा खेलने लगा। छोटा-सा बच्चा, रुई-सा मुलायम, सोना की ही तरह सुन्दर।

दिन-भर वह अपने बच्चे को गोद में उठाए रहती। कभी अपने बच्चे को देखकर फूल उठती और कभी अपने शरीर के सोने के गहनों को देखकर।

बच्चा जब कुछ महीनों का हो गया तो उसे भी अपने माँ के शरीर पर लगे सोने के गहनों से प्यार होने लगा। बच्चा बार-बार उसके गहनों से खेलता। गहनों की चमक उसे आकर्षित किये रहती। अपनी माँ के अलावा वह किसी की गोद में न जाता। उनके शरीर पर कुछ भी तो नहीं चमकता था, रोने लगता। माँ के सीने से लिपटा वह उसके आभूषणों से खेलता।

सोना के पति ने फिर मुनाफा कमाया। फिर नथ का वज़न बढ़ा। नथ का वज़न बढ़ा और सोना की नाक दर्द करने लगी। यदा-कदा बच्चा भी उसे खींच बैठता और नाक दुखने लगती। नथ के भारी हो जाने से नाक का छेद चौड़ा हो गया। कभी-कभी सोना को लगता कि कहीं नाक फट न जाए।

उसके पति ने फिर मुनाफा कमाया और अपने वैभव का प्रदर्शन करने के लिए फिर सोना की नथ में और सोना जोड़ा, ठीक वैसे ही जैसे कोई एम.ए. पास व्यक्ति पी-एच. डी. मिलने पर अपने साइनबोर्ड पर 'डॉ' जोड़ दे।

उसकी नथ दिन-रात नाक दुखाने लगी। वह चलती तो नथ हिलती, दर्द होता। सोने की नथ का ध्यान रखना पड़ता। थोड़ा-सा दब जाती तो आँखों से आँसू निकाल बैठती। बच्चा नथ खींचता और नाक का छेद और चौड़ा हो जाता। सोना की नथ चौबीसों घंटे, लगातार कष्ट देती रहती।

जब नहीं सहा गया तो एक दिन सोना ने अपनी सास से कहा—नथ दर्द करती है, मैं बुलाक ही पहने रहूँगी।

सासने सोना के माता-पिता और उनके पुरखों को अपनी भाषा में पूजा करने के बाद डाँट सुनाई—किसी को तो सोना देखने को नहीं मिलता और कुलच्छनी तू कहती है मैं नहीं पहनूंगी। मुझे अपना बेटा प्यारा है। खबरदार जो ऐसी बात फिर जबान पर लाई। नथ तो सुहाग है। सुहागिनें कहीं रीती नाक रखती हैं?

—बुलाक तो रहेगी ही। नथ ने सारी नाक काट दी। एक पतली-स झिल्ली रह गयी है। पता नहीं कब टूट जाए।

—सेठ की बहू नाक पर एक बुलाक लिए फिरेगी। हम कोई मँगते हैं। तुझे हमारी इज्जत का तो ध्यान होना चाहिये।

—नाक टूट जाएगी तो?

—नाक टूटती नहीं है क्या? टूट ही जाए तो सिलवा लेंगे।

कुछ दिन वह चुप रही किन्तु जब असह्य दर्द होने लगा तो उराने अपनी सास से फिर वही बात कही।

सास ने भौंहें तान लीं—तेरे बाप ही ने तो कहा था कि मैं लड़की वहाँ दूँगा जहाँ से छह तोले की नथ आ सके। उस वक़्त तुझे क्या हो गया था? चली जाती किसी और के घर। हमने कोई कसम खाई थी तुझे लाने की?

सोना अपना-सा मुँह लिए, आँखों में सफेद बड़ी-बड़ी बूँदें लेकर दूसरी ओर चल दी। अपने बच्चे को उसने छाती से चिपका लिया।

ठेके का काम समाप्त कर उसका पति घर लौट आनेवाला था। सोना सोचती रही—'इस बार फिर मुनाफा होगा और फिर नथ का वजन बढ़ाया जाएगा। कितना अच्छा हो अगर इस वक़्त घाटा...नहीं। नहीं। ऐसा कभी न हो। परमेश्वर उनकी दिन दुगनी और रात चौगुनी आय करता रहे। पर नाक? नथ?'

उसका पति लौट आया और इस बार भी वह कई हजार रुपए कमाकर लाया। सोना सिहर गयी—'अब फिर वे नथ में सोना जोड़ेंगे।'

सोना ने अपने मन की व्यथा पति से कह सुनाई। पति आगबबूला हो गया—तुझ अभागिन को सोना नहीं, राख देनी चाहिये थी। कहाँ से ले आये अभागिन को! मेरा दिवाला निकल गया है क्या, जो तू नाक पर खाली बुलाक रखेगी? लोग क्या कहेंगे, 'ठेकेदार की स्त्री, खाली नाक।' नाक की नथ घराने का वैभव बताती है।

उस रात सोना को नींद न आई। सुबकने लगी तो सास चिल्ला उठी—कुलटा, कुलच्छिनी, इतने महीनों के बाद तो वह घर लौटा है और तू रो रही है। यह जाल बिछाकर अपशकुन पैदा कर रही है। रोती अपने माँ-बाप के लिए है? लड़के का तो कुछ ख्याल रख। ठकुराइन! मुझे अपना बेटा प्यारा है। उसके घर आने पर तू हँसने के बजाय रो रही है तो कल सुबह अपने मायके चली जा। जिन्होंने जाया, वे तेरा जो चाहें करें।

सोना को होश आया और वह स्वयं डर गयी। अंधकार में हाथ जोड़कर उसने मन-ही-मन प्रार्थना की—भगवान मेरा सुहाग अमर रहे। इससे पहले कि सोना का पति नथ को भारी बनाने के लिए उसे सोना की नाक से निकालकर सुनार के पास ले जाता, नथ स्वयं ही नाक तोड़कर जमीन पर आ गयी।

—नाक सिलवा दो। सास ने कहा।

—और इस नथ को सुनार के पास ले जाकर...एक तोला सोना बढ़वा दो। अब यह दस तोले की हो जाएगी। ससुर का स्वर था।

प्रेमचन्द

हिन्दी साहित्य जगत में कथा-सम्राट के नाम से प्रसिद्ध प्रेमचन्द का जन्म वाराणसी के पास लमही नामक गाँव में हुआ। उनका वास्तविक नाम धनपतराय था। मध्यमवर्गीय कृषक परिवार में जन्मे प्रेमचन्द का जीवन अभावों से पूर्ण रहा। विपत्ति और उससे लड़ने की ताकत उन्हें जीवन से मिली।

प्रेमचन्द की प्रारम्भिक शिक्षा उर्दू में हुई। साहित्य रचना की शुरुआत उन्होंने इसी भाषा में की। वे नवाबराय के नाम से उर्दू में लिखते थे। प्रेमचन्द की पहली कहानी 'संसार का सबसे अनमोल रत्न' 1907 में 'जमाना' पत्रिका में छपी। 1908 में उनका पहला कहानी संग्रह 'सोजे वतन' (उर्दू) में छपा, जो राष्ट्रीय भावनाओं से पूर्ण होने के कारण जब्त कर लिया गया। इसके बाद वे 'प्रेमचन्द' नाम से हिन्दी में कहानियाँ लिखने लगे।

प्रेमचन्द का रचना-फलक अत्यन्त व्यापक है। उन्होंने तीन सौ कहानियाँ, ग्यारह उपन्यास और दो नाटकों की रचना की। उन्होंने 'ज़माना', 'माधुरी', 'जागरण' और 'हंस' पत्रिकाओं का सम्पादन किया। उनका उपन्यास 'गोदान' न केवल हिन्दी वरन् विश्व साहित्य के श्रेष्ठतम उपन्यासों में गिना जाता है। गोदान के अतिरिक्त 'सेवासदन', 'निर्मला', 'ग़बन', 'कर्मभूमि', 'रंगभूमि' आदि उनके प्रमुख उपन्यास हैं।

कहानीकार के रूप में प्रेमचन्द हिन्दी साहित्य का मूल स्तम्भ रहे हैं। उन्होंने ही हिन्दी कहानी को शैशव से प्रौढ़ावस्था तक पहुँचाया। उनके प्रमुख कहानी संग्रह हैं—'सप्त सरोज', 'नमक का दारोगा', 'प्रेम प्रसून', 'प्रेम द्वादशी', 'प्रेमतीर्थ', 'प्रेम प्रतिज्ञा', 'समरयात्रा', 'पंच प्रसून' आदि। उनकी सभी कहानियों का संग्रह 'मानसरोवर' के नाम से आठ भागों में प्रकाशित हुआ है।

उनकी कहानियों में भारतीय जन-जीवन अपनी समस्त आशाओं, आकांक्षाओं और विसंगतियों के साथ मुखरित हुआ है। ग्रामीण भारत का जैसा सजीव चित्रण उनकी रचनाओं में है वह अत्यन्त दुर्लभ है। तत्कालीन समय और समाज का कोई पक्ष उनके साहित्य से अछूता नहीं रहा। प्रेमचन्द की कहानियाँ अनिवार्यतः अपने समय के यथार्थ से जुड़ी हुई हैं। लेकिन उनकी महत्ता उस आदर्श की

स्थापना में है जिसके माध्यम से प्रेमचन्द एक मानवीय, शोषणमुक्त समाज की कल्पना करते हैं। उनके द्वारा गढ़े गये चरित्र समाज में अपनी सजीव मौजूदगी का अहसास कराते हैं। सहजता, सरलता और रोचकता उनके शिल्प का ऐसा गुण है जिसने उन्हें हिन्दी भाषी समाज का ही नहीं वरन् पूरे भारतीय समाज का 'अपना' लेखक बना दिया है।

मेरा जीवन

मेरा जीवन सपाट, समतल मैदान है, जिसमें कहीं-कहीं गढ़े तो हैं, पर टीलों, पर्वतों, घने जंगलों, गहरी घाटियों और खँडहरों का स्थान नहीं है। जो सज्जन पहाड़ों की सैर के शौकीन हैं उन्हें तो यहाँ निराशा ही होगी। मेरा जन्म संवत् 1967 में हुआ। पिता डाकखाने में क्लर्क थे, माता मरीज। एक बड़ी बहिन भी थी। उस समय पिताजी शायद 20) पाते थे। 40) तक पहुँचते-पहुँचते उनकी मृत्यु हो गयी। यों वह बड़े विचारशील, जीवन-पथ पर आँखें खोलकर चलने वाले आदमी थे; लेकिन आखिरी दिनों में एक ठोकर खा ही गये और खुद तो गिरे ही थे, उसी धक्के में मुझे भी गिरा दिया। पन्द्रह साल की अवस्था में उन्होंने मेरा विवाह कर दिया और विवाह करने के साल ही भर बाद परलोक सिधारे। उस समय मैं नवें दरजे में पढ़ता था। घर में मेरी स्त्री थी, विमाता थी, उनके दो बालक थे, और आमदनी एक पैसे की नहीं। घर में जो कुछ लेई-पूँजी थी, वह पिताजी की छह महीने की बीमारी और क्रिया-क्रर्म में खर्च हो चुकी थी। और मुझे अरमान था, वकील बनने का और एम.ए. पास करने का। नौकरी उस जमाने में भी इतनी ही दुष्प्राप्य थी, जितनी अब है। दौड़-धूप करके शायद दस-बारह की कोई कोई जगह पा जाता; पर यहाँ तो आगे पढ़ने की धुन थी—पाँव में लोहे की नहीं अष्टधातु की बेड़ियाँ थीं और मैं चढ़ना चाहता था पहाड़ पर!

पाँव में जूते न थे। देह पर साबित कपड़े न थे। महँगी अलग—10 सेर के जौ थे। स्कूल से साढ़े तीन बजे छुट्टी मिलती थी। काशी के क्वींस में पढ़ा था। हेडमास्टर ने फीस माफ कर दी थी। इम्तहान सिर पर था। और मैं बाँस के फाटक पर एक लड़के को पढ़ाने जाता था। जाड़ों के दिन थे। चार बजे पहुँचता था। पढ़ाकर छह बजे छुट्टी पाता। वहाँ से मेरा घर देहात में पाँच मील पर था। तेज चलने पर भी आठ बजे से पहले घर न पहुँच सकता। और प्रातःकाल आठ ही बजे फिर घर से चलना पड़ता था, कभी वक्त पर स्कूल न पहुँचता। रात को भोजन करके कुप्पी के सामने पढ़ने बैठता और न जाने कब सो जाता। फिर भी हिम्मत बाँधे हुए था।

मैट्रिकुलेशन तो किसी तरह पास हो गया, पर आया सेकेंड डिवीजन में।

रहना जरूरी था। संयोग से एक वकील साहब के लड़कों को पढ़ाने का काम मिल गया। पाँच रुपये वेतन ठहरा। मैंने दो रुपये में अपना गुजर करके तीन रुपये घर पर देने का निश्चय किया। वकील साहब के अस्तबल के ऊपर एक छोटी-सी कच्ची कोठरी थी। उसी में रहने की आज्ञा ले ली। एक टाट का टुकड़ा बिछा दिया! बाजार से एक छोटा-सा लैम्प लाया और शहर में रहने लगा। घर से कुछ बरतन भी लाया। एक वक्त खिचड़ी पका लेता और बरतन धो-माँजकर लाइब्रेरी चला जाता। गणित तो बहाना था, उपन्यास आदि पढ़ा करता। पण्डित रतननाथ दर का 'फसाना-ए-आजाद' उन्हीं दिनों पढ़ा। 'चन्द्रकान्ता-सन्तति' भी पढ़ी। बंकिम बाबू के उर्दू अनुवाद, जितने पुस्तकालय में मिले, सब पढ़ डाले। जिन वकील साहब के लड़कों को पढ़ाता था, उनके साले मेरे साथ मैट्रिकुलेशन में पढ़ते थे। उन्हीं की सिफ़ारिश में मुझे यह पद मिला था। उनसे दोस्ती थी, इसलिए जब ज़रूरत होती, पैसे उधार ले लिया करता था। वेतन मिलने पर हिसाब हो जाता था। कभी दो रुपये हाथ आते, कभी तीन। जिस दिन वेतन के दो-तीन रुपये मिलते, मेरा संयम हाथ से निकल जाता। प्यासी तृष्णा हलवाई की दुकान की ओर खींच ले जाती। दो-तीन आने पैसे खाकर ही उठता। उसी दिन घर जाता और दो-ढाई रुपये दे आता। दूसरे दिन से फिर उधार लेना शुरू कर देता; लेकिन कभी-कभी उधार माँगने में भी संकोच होता और दिन-का-दिन निराहार व्रत रखना पड़ जाता।

इस तरह चार-पाँच महीने बीते। इस बीच एक बजाज से दो-ढाई रुपये के कपड़े लिये थे। रोज उधर से निकलता था। उसे मुझ पर विश्वास हो गया था। जब महीने-दो महीने निकल गये और मैं रुपये न चुका सका, तो मैंने उधर से निकलना ही छोड़ दिया! चक्कर देकर निकल जाता। तीन साल के बाद उसके रुपये अदा कर सका। उसी जमाने में शहर का एक बेलदार मुझसे कुछ हिन्दी पढ़ने आया करता था। वकील साहब के पिछवाड़े उसका मकान था। 'जान लो भैया' उसका सखुन तकिया था। हम लोग उसे 'जान लो भैया' ही कहा करते थे। एक बार मैंने उससे भी आठ आने पैसे उधार लिये थे। वह पैसे उसने मुझसे मेरे घर गाँव में जाकर पाँच साल बाद वसूल किये। मेरी अब भी पढ़ने की इच्छा थी; लेकिन दिन-दिन निराश होता जाता था। जी चाहता था, कहीं नौकरी कर लूँ। पर नौकरी कैसे मिलती है और कहाँ मिलती है, यह न जानता था।

जाड़ों के दिन थे। पास एक कौड़ी न थी। दो दिन एक-एक पैसे का चबेना खाकर काटे थे। मेरे महाजन ने उधार देने से इनकार कर दिया था, या संकोचवश मैं उससे माँग न सका था। चिराग़ जल चुके थे। मैं एक बुकसेलर की दुकान पर एक किताब बेचने गया था। चक्रवर्ती गणित की कुंजी थी। दो साल हुए खरीदी थी। अब तक उसे बड़े जतन से रखे हुए था; पर आज चारों

ओर से निराश होकर मैंने उसे बेचने का निश्चय किया। किताब दो रुपये की थी; लेकिन एक पर सौदा ठीक हुआ। मैं रुपया लेकर दुकान से उतरा ही था कि एक बड़ी-बड़ी मूँछों वाले सौम्य पुरुष ने, जो उस दुकान पर बैठे हुए थे, मुझसे पूछा—तुम कहाँ पढ़ते हो?

मैंने कहा—पढ़ता तो कहीं नहीं हूँ; पर आशा करता हूँ कि कहीं नाम लिखा लूँगा।

'मैट्रिकुलेशन पास हो?'

'जी हाँ।'

'नौकरी करने की इच्छा तो नहीं है?'

वह सज्जन एक छोटे-से स्कूल के हेडमास्टर थे। इन्हें एक सहकारी अध्यापक की जरूरत थी। अठारह रुपये वेतन था। मैंने स्वीकार कर लिया। अठारह रुपये उस समय मेरी निराशा-व्यथित कल्पना की ऊँची-से-ऊँची उड़ान से ही ऊपर थे। मैं दूसरे दिन हेडमास्टर साहब से मिलने का वादा करके चला, तो पाँव जमीन पर न पड़ते थे। यह सन् 1899 की बात है। परिस्थितियों का सामना करने को तैयार था और गणित में अटक न जाता, तो अवश्य आगे जाता; पर सबसे कठिन परिस्थिति यूनिवर्सिटी की मनोविज्ञान शून्यता थी, जो उस समय और उसके कई साल बाद तक उस डाकू का-सा व्यवहार करती थी, जो छोटे-बड़े सभी को ही खाट पर सुलाता है।

2

मैंने पहले-पहल 1907 में गल्पें लिखनी शुरू कीं। डॉक्टर रवीन्द्रनाथ की कई गल्पें मैंने अंग्रेजी में पढ़ी थीं और उनका उर्दू अनुवाद उर्दू पत्रिकाओं में छपवाया था। उपन्यास तो मैंने 1901 ही में लिखना शुरू किया मेरा एक उपन्यास 1902 में निकला और दूसरा 1904 में; लेकिन गल्प 1907 से पहिले मैंने एक भी न लिखी। मेरी पहली कहानी का नाम था, 'संसार का सबसे अनमोल रत्न' वह 1907 में 'जमाना' में छपी। उसके बाद मैंने चार-पाँच कहानियाँ और लिखीं। पाँच कहानियों का संग्रह 'सोजे वतन' के नाम से 1909 में छपा। उस समय बंग-भंग का आन्दोलन हो रहा था। कांग्रेस में गर्म दल की सृष्टि हो चुकी थी। इन पाँचों कहानियों में स्वदेश-प्रेम की महिमा गायी गयी थी।

उस वक्त मैं शिक्षा-विभाग में सब डिप्टी इंस्पेक्टर था और अमीरपुर जिले में तैनात था। पुस्तक को छपे छह महीने हो चुके थे। एक दिन मैं रात को अपनी रावटी में बैठा हुआ था कि मेरे नाम जिलाधीश का परवाना पहुँचा, कि मुझसे तुरन्त मिलो। जाड़े के दिन थे। साहब दौरे पर थे। मैंने बैलगाड़ी जुतवाई

और रातों-रात 30-40 मील तय करके दूसरे दिन साहब से मिला। साहब के सामने 'सोजे वतन' की एक प्रति रखी हुई थी। मेरा माथा ठनका। उस वक्त मैं 'नवाबराय' के नाम से लिखा करता था। मुझे इसका कुछ-कुछ पता मिल चुका था कि खुफिया पुलिस इस किताब के लेखक की खोज में है। समझ गया, उन लोगों ने मुझे खोज निकाला और इसी की जवाबदेही करने के लिए मुझे बुलाया गया है।

साहब ने मुझसे पूछा—यह पुस्तक तुमने लिखी है?

मैंने स्वीकार किया।

साहब ने मुझसे एक-एक कहानी का आशय पूछा और अन्त में बिगड़कर बोले—तुम्हारी कहानियों में 'सिडीशन' भरा हुआ था। अपने भाग्य को बखानो कि अंग्रेजी अमलदारी में हो। मुगलों का राज्य होता, तो तुम्हारे दोनों हाथ काट लिये जाते। तुम्हारी कहानियाँ एकांगी हैं, तुमने अंग्रेजी सरकार की तौहीन की है, आदि। फैसला यह हुआ कि मैं 'सोजे वजन' की सारी प्रतियाँ सरकार के हवाले कर दूँ और साहब की अनुमति के बिना कभी कुछ न लिखूँ। मैंने समझा, चलो सस्ता छूटे। एक हजार प्रतियाँ छपी थीं। अभी मुश्किल से 300 बिकी थीं। 700 प्रतियाँ मैंने 'जमाना कार्यालय' से मँगवाकर साहब की सेवा में अर्पण कर दीं।

मैंने समझा था, बला टल गयी; किन्तु अधिकारियों को इतनी आसानी से सन्तोष न हो सका। मुझे बाद में मालूम हुआ कि साहब ने इस विषय में जिले के अन्य कर्मचारियों से परामर्श किया। सुपरिंटेंडेंट पुलिस, दो डिप्टी कलेक्टर और डिप्टी इंस्पेक्टर—जिनका मैं मातहत था मेरी तकदीर का फैसला करने बैठे। एक डिप्टी कलेक्टर साहब ने गल्पों से उद्धरण निकालकर सिद्ध किया कि इनमें आदि से अन्त तक सिडीशन के सिवा और कुछ नहीं है। और सिडीशन भी साधारण नहीं; बल्कि संक्रामक। पुलिस के देवता ने कहा—ऐसे खतरनाक आदमी को जरूर सख्त सजा देनी चाहिए। डिप्टीइंस्पेक्टर साहब मुझसे बहुत स्नेह करते थे। इस भय से कि कहीं मुआमला तूल न पकड़ ले, उन्होंने यह प्रस्ताव किया कि वह मित्रभाव से मेरे राजनीतिक विचारों की थाह लें उस कमेटी में रिपोर्ट पेश करें। उनका विचार था, कि मुझे समझा दें और रिपोर्ट में लिख दें, कि लेखक केवल क़लम का उग्र है और राजनीतिक आन्दोलन में उसका कोई सम्बन्ध नहीं है। कमेटी ने उनके प्रस्ताव को स्वीकार किया। हालाँकि पुलिस के देवता उस वक्त भी पैंतरे बदलते रहे।

सहसा कलेक्टर साहब ने डिप्टी इंस्पेक्टर से पूछा—आपको आशा है कि वह आपसे अपने दिल की बातें कह देगा?

'आप मित्र बनकर उसका भेद लेना चाहते हैं। यह तो मुखबिरी है। मैं उसे कमीनापन समझता हूँ।'

डिप्टी साहब अप्रतिभ होकर हकलाते हुए बोले—मैं तो हुजूर के हुक्म...साहब ने बात काटी—नहीं, यह मेरा हुक्म नहीं है। मैं ऐसा हुक्म नहीं देना चाहता। अगर पुस्तक में लेखक का सिडीशन साबित हो सके, तो खुली अदालत में मुकदमा चलाइए, नहीं धमकी देकर छोड़ दीजिए। 'मुँह में राम, बगल में छुरी' मुझे पसन्द नहीं।

जब वह वृत्तान्त डिप्टी इंस्पेक्टर साहब ने कई दिन पीछे खुद मुझसे कहा, तो मैंने पूछा—क्या आप सचमुच मेरी मुखबिरी करते?

वह हँसकर बोले—असम्भव! कोई लाख रुपये भी देता, तो न करता। मैं तो केवल अदालती कार्रवाई रोकना चाहता था, और वह रुक गयी। मुकदमा अदालत में आता, तो सजा हो जाना यकीन था। यहाँ आपकी पैरवी करने वाला भी कोई न मिलता, मगर साहब हैं शरीफ आदमी।

मैंने स्वीकार किया—बहुत ही शरीफ।

3

मैं हमीरपुर ही में था कि मुझे पेचिश की शिकायत पैदा हो गयी। गर्मी के दिनों में देहातों में कोई हरी तरकारी मिलती न थी। एक बार कई दिन तक लगातार सूखी घुँइयाँ खानी पड़ीं। यों मैं घुँइयाँ को बिच्छू समझता हूँ और तब भी समझता था; लेकिन न-जाने क्योंकर यह धारणा मन में हो गयी कि अजवाइन से घुँइयाँ का बादीपन जाता रहता है। खूब अजवाइन खा लिया करता। दस-बारह दिन तक किसी तरह का कष्ट न हुआ। मैंने समझा, शायद बुन्देलखण्ड की पहाड़ी जलवायु ने मेरी दुर्बल पाचक शक्ति को तीव्र कर दिया; लेकिन एक दिन पेट में दर्द हुआ और सारे दिन मैं मछली की भाँति तड़पता रहा। फंकियाँ लगाईं; मगर दर्द न कम हुआ। दूसरे दिन में पेचिश हो गयी; मल के साथ आँव आने लगा; लेकिन दर्द जाता रहा।

एक महीना बीत चुका था। मैं एक कस्बे में पहुँचा, तो वहाँ के थानेदार साहब ने मुझसे थाने ही में ठहरने और भोजन करने का आग्रह किया। कई दिन से मूँग की दाल खाते और पथ्य करते-करते ऊब उठा था। सोचा क्या हरज है, आज यहीं ठहरो। भोजन तो स्वादिष्ट मिलेगा। थाने ही में अड्डा जमा दिया। दारोगाजी ने जमींकंद का सालन पकवाया, पकौड़ियाँ, दही-बड़े, पुलाव। मैंने एहतियात से खाया—जमींकंद तो मैंने केवल दो फाँकें खाईं; लेकिन खा-पीकर जब थाने के सामने दारोगाजी के फूस के बँगले में लेटा, तो दो-ढाई घण्टे के बाद पेट में फिर दर्द होने लगा। सारी रात और अगले दिनभर कराहता रहा। सोडे की दो बोतलें पीने के बाद कैं हुई, तो जाकर चैन मिला। मुझे विश्वास हो गया, यह जमींकंद

की कारस्तानी है। घुँइयाँ से पहले मेरी कुट्टी हो चुकी थी। अब जमींकंद से भी बैर हो गया। तबसे इन दोनों चीजों की सूरत देखकर मैं काँप जाता हूँ। दर्द तो फिर जाता रहा; पर पेचिश ने अड्डा जमा लिया। पेट में चौबीसों घण्टे तनाव बना रहता। अफरा हुआ करता। संयम के साथ चार-पाँच मील टहलने जाता, व्यायाम करता, पथ्य में भोजन करता, कोई-न-कोई औषधि भी खाया करता; किन्तु पेचिश टलने का नाम न लेती थी, और देह भी घुलती जाती थी। कई बार कानपुर आकर दवा कराई, एक बार महीने-भर प्रयाग में डॉक्टरी और आयुर्वेदिक औषधियों का सेवन किया; पर कोई फायदा नहीं।

तब मैंने तबादला कराया। चाहता था रोहेलखंड; पर पटका गया बस्ती के जिले में, और हलका वह मिला जो नेपाल की तराई है। सौभाग्य से वहीं मेरा परिचय स्व. पं. मन्नन द्विवेदी गजपुरी से हुआ, जो डोमरियागंज में तहसीलदार थे। कभी-कभी उनके साथ साहित्य-चर्चा हो जाती थी; लेकिन यहाँ आकर पेचिश और बढ़ गयी। तब मैंने छह महीने की छुट्टी ली; और लखनऊ के मेडिकल कालेज से निराश होकर काशी के एक हकीम से इलाज कराने लगा। तीन-चार महीने बाद थोड़ा-सा फायदा तो मालूम हुआ, पर बीमारी जड़ से न गयी। जब फिर बस्ती पहुँचा तो वही हालत हो गयी। तब मैंने दौरे की नौकरी छोड़ दी और बस्ती हाईस्कूल में स्कूल-मास्टर हो गया। यहाँ से तबदील होकर गोरखपुर पहुँचा। पेचिश पूर्ववत जारी रही। यहाँ मेरा परिचय महावीर प्रसादजी पोद्दार से हुआ जो साहित्य के मर्मज्ञ, राष्ट्र के सच्चे और बड़े ही उद्योगी पुरुष हैं। मैंने बस्ती से ही 'सरस्वती' में कई गल्पें छपवाई थीं। पोद्दारजी की प्रेरणा से मैंने फिर उपन्यास लिखा और 'सेवासदन' की सृष्टि हुई। वहीं मैंने प्राइवेट बी.ए. भी पास किया। 'सेवासदन' का जो आदर हुआ, उससे उत्साहित होकर मैंने 'प्रेमाश्रम' लिख डाला और गल्पें भी बराबर लिखता रहा।

कुछ मित्रों की, विशेषकर पोद्दारजी की सलाह से मैंने जल-चिकित्सा आरम्भ की; लेकिन तीन-चार महीने के स्नान और पथ्य का मेरे दुर्भाग्य से यह परिणाम हुआ कि मेरा पेट बढ़ गया और मुझे रास्ता चलने में दुर्बलता मालूम होने लगी। एक बार कई मित्रों के साथ मुझे एक जीने पर चढ़ने का अवसर पड़ा। और लोग धड़धड़ाते हुए चले गये, पर मेरे पाँव ही न उठते थे। बड़ी मुश्किल से हाथों का सहारा लेते हुए ऊपर पहुँचा। उसी दिन मुझे अपनी कमजोरी का यथार्थ ज्ञान हुआ। समझ गया, अब थोड़े दिनों का और मेहमान हूँ, जल-चिकित्सा बन्द कर दी।

एक दिन सन्ध्या समय 'उर्दू बाजार' में श्री दशरथप्रसादजी द्विवेदी, सम्पादक 'स्वदेश' से मेरी भेंट हो गयी। कभी-कभी उनसे भी साहित्य-चर्चा होती रहती थी। उन्होंने मेरी पीली सूरत देखकर खेद के साथ कहा—बाबूजी, आप तो बिल्कुल

पीले पड़ गये हैं, कोई इलाज कराइए।

मुझे अपनी बीमारी का जिक्र बुरा लगता था। मैं भूल जाना चाहता था कि मैं बीमार हूँ। जब दो चार महीने ही का जिन्दगी से नाता है, तो क्यों न हँसकर मरूँ? मैंने चिढ़कर कहा—मर ही तो जाऊँगा भई, या और कुछ! मैं मौत का स्वागत करने को तैयार हूँ। द्विवेदीजी बेचारे लज्जित हो गये। मुझे पीछे से अपनी उग्रता पर बड़ा खेद हुआ। यह 1921 की बात है। असहयोग आन्दोलन जोरों पर था। जलियाँवाला बाग का हत्याकांड हो चुका था। उन्हीं दिनों महात्मा गाँधी ने गोरखपुर का दौरा किया। गाजीमियाँ के मैदान में ऊँचा प्लेटफार्म तैयार किया गया। दो लाख से कम जमाव न था। क्या शहर, क्या देहात, श्रद्धालु जनता दौड़ी चली आती थी। ऐसा समारोह मैंने अपने जीवन में कभी न देखा था। महात्माजी के दर्शनों का यह प्रताप था, कि मुझ-जैसा मरा हुआ आदमी भी चेत उठा। उसके दो ही चार दिन बाद मैंने अपनी 20 साल की नौकरी से इस्तीफा दे दिया।

अब देहात में चलकर कुछ प्रचार करने की इच्छा हुई। पोद्दारजी का देहात में एक मकान था। हम और वह दोनों वहाँ चले गये और चर्खे बनवाने लगे। वहाँ जाने के एक ही सप्ताह बाद मेरी पेचिश कम होने लगी। यहाँ तक कि एक महीने के अन्दर मल के साथ आँव का आना बन्द हो गया। फिर मैं काशी चला आया और अपने देहात में बैठकर कुछ प्रचार और कुछ साहित्य-सेवा में जीवन को सार्थक करने लगा। गुलामी से मुक्त होते ही मैं नौ साल के जीर्ण रोग से मुक्त हो गया।

इस अनुभव ने मुझे कट्टर भाग्यवादी बना दिया है। अब मेरा दृढ़ विश्वास है कि भगवान् की जो इच्छा होती है वही होता है, और मनुष्य का उद्योग भी इच्छा के बिना सफल नहीं होता।

महादेवी वर्मा

महादेवी वर्मा (26 मार्च 1907-12 सितम्बर 1987) हिन्दी कविता के छायावादी युग के चार प्रमुख स्तम्भों में से एक मानी जाती हैं। 1919 में इलाहाबाद में क्रास्थवेट कॉलेज से शिक्षा का प्रारम्भ करते हुए उन्होंने 1932 में इलाहाबाद विश्वविद्यालय से संस्कृत में एम.ए. की उपाधि प्राप्त की। तब तक उनके दो काव्य संकलन 'नीहार' और 'रश्मि' प्रकाशित होकर चर्चा में आ चुके थे।

अपने प्रयत्नों से उन्होंने इलाहाबाद में प्रयाग महिला विद्यापीठ की स्थापना की। इसकी वे प्रधानाचार्य एवं कुलपति भी रहीं। 1932 में उन्होंने महिलाओं की प्रमुख पत्रिका 'चाँद' का कार्यभार सँभाला। 1934 में नीरजा, तथा 1936 में सांध्यगीत नामक संग्रह प्रकाशित हुए। 1939 में इन चारों काव्य संग्रहों को उनकी कलाकृतियों के साथ वृहदाकार में 'यामा' शीर्षक से प्रकाशित किया गया। उन्होंने गद्य, काव्य, शिक्षा और चित्रकला सभी क्षेत्रों में नये आयाम स्थापित किये।

इसके अतिरिक्त उनके 18 काव्य और गद्य कृतियाँ हैं जिनमें 'मेरा परिवार', 'स्मृति की रेखाएँ', 'पथ के साथी', 'शृंखला की कड़ियाँ' और 'अतीत के चलचित्र' प्रमुख हैं।

सन् 1955 में महादेवी जी ने इलाहाबाद में 'साहित्यकार संसद' की स्थापना की और पं. इलाचन्द्र जोशी के सहयोग से 'साहित्यकार' का सम्पादन सँभाला। यह इस संस्था का मुखपत्र था।

स्वाधीनता प्राप्ति के बाद 1952 में वे उत्तर प्रदेश विधान परिषद की सदस्या मनोनीत की गयीं। 1956 में भारत सरकार ने उनकी साहित्यिक सेवा के लिए 'पद्म भूषण' की उपाधि और 1969 में विक्रम विश्वविद्यालय ने उन्हें डी.लिट. की उपाधि से अलंकृत किया। इससे पूर्व महादेवी वर्मा को 'नीरजा' के लिए 1934 में 'सेक्सरिया पुरस्कार', 1942 में 'स्मृति की रेखाओं' के लिए 'द्विवेदी पदक' प्राप्त हुए। 1943 में उन्हें 'मंगला प्रसाद पुरस्कार' एवं उत्तर प्रदेश सरकार के 'भारत भारती' पुरस्कार से सम्मानित किया गया। 'यामा' नामक काव्य संकलन के लिए उन्हें भारत का सर्वोच्च साहित्यिक सम्मान 'ज्ञानपीठ पुरस्कार' प्राप्त हुआ।

उन्हें आधुनिक साहित्य की मीरा के नाम से जाना जाता है।

नीलकंठ : मोर

प्रयाग जैसे शान्त और सांस्कृतिक आश्रम-नगर में नखासकोना एक विचित्र स्थिति रखता है। जितने दंगे-फ़साद और छुरे-चाकूबाजी की घटनाएँ घटित होती हैं, सबका अशुभारम्भ प्रायः नखासकोने से ही होता है।

उसकी कुछ और भी अनोखी विशेषताएँ हैं। घास काटने की मशीन के बड़े चौड़े चाकू से लेकर फरसा, कुल्हाड़ी, आरी, छुरी आदि में धार रखनेवालों तक की दुकानें वहीं हैं। अर्थात् गोठिल चाकू-छुरी को पैना करने के लिए दूर जाने की आवश्यकता नहीं है। आँखों का सरकारी अस्पताल भी वहीं प्रतिष्ठित है। शत्रु-मित्र की पहचान के लिए दृष्टि कमजोर हो तो वहाँ ठीक करायी जा सकती है, जिसमें कोई भूल होने की सम्भावना न रहे। इसके अतिरिक्त एक और अस्पताल उसी कोने में गरिमापूर्ण ऐतिहासिक स्थिति रखता है। आहत, मुमूर्षु व्यक्ति की दृष्टि से यह विशेष सुविधा है। यदि अस्पताल के अन्तःकक्षों में स्थान न मिले, यदि डॉक्टर, नर्स आदि का दर्शन दुर्लभ रहे तो बरामदे-पोर्टिको आदि में विश्राम प्राप्त हो सकता है और यदि वहाँ भी स्थानाभाव हो, तो अस्पताल के कम्पाउण्ड में मरने का सन्तोष तो मिल ही सकता है।

हमारे देश में अस्पताल, साधारण जन को अन्तिम यात्रा में सन्तोष देने के लिए ही तो हैं। किसी प्रकार घसीटकर, टाँगकर उस सीमा-रेखा में पहुँचा आने पर बीमार और उसके परिचारकों को एक अनिर्वचनीय आत्मिक सुख प्राप्त होता है। इससे अधिक पाने की न उनकी कल्पना है, न माँग। कम-से-कम इस व्यवस्था ने अंतिम समय मुख में गंगाजल, तुलसी, सोना डालने की समस्या तो सुलझा ही दी है।

यहाँ मत्स्य क्रय-विक्रय-केन्द्र भी है और तेल-फुलेल की दूकानें भी, मानो दुर्गन्ध-सुगन्ध में समरसता स्थापित करने का अनुष्ठान है।

पर नखासकोने के प्रति मेरे आकर्षण का कारण, उपर्युक्त विशेषताएँ नहीं हैं। वस्तुतः वह स्थान मेरे खरगोश, कबूतर, मोर, चकोर आदि जीव-जन्तुओं का कारागार भी है। अस्पताल के सामने की पटरी पर कई छोटे-छोटे घर और बरामदे हैं जिनमें ये जीव-जन्तु तथा इसके कठिन-हृदय जेलर दोनों निवास करते हैं।

छोटे-बड़े अनेक पिंजड़े बरामदे में और बाहर रखे हैं, जिनमें दो खरगोशों के रहने के स्थान में पच्चीस और चार चिड़ियों के रहने के स्थान में पचास भरी रहती हैं। इन छोटे जीवों को हँसने-रोने के लिए भिन्न ध्वनियाँ नहीं मिली हैं, अतः इनका महा-कलरव महा-क्रंदन भी हो तो आश्चर्य नहीं। इन जीवों के कष्ट निवारण का कोई उपाय न सूझ पाने पर भी मैं अपने आपको उस ओर जाने से नहीं रोक पाती। किसी पिंजड़े में पानी न देखकर उसमें पानी रखवा देती हूँ। दाने का अभाव हो तो दाना डलवा देती हूँ। कुछ चिड़ियाँ खरीदकर उड़ा देती हूँ। जिनके पंख काट दिये गये हैं, उन्हें ले आती हूँ। परन्तु फिर जब उस ओर पहुँच जाती हूँ, सब कुछ पहले जैसा ही कष्टकर मिलता है।

उस दिन एक अतिथि को स्टेशन पहुँचा कर लौट रही थी कि चिड़ियों और खरगोशों की दुकान का ध्यान आ गया और मैंने ड्राइवर को उसी ओर चलने का आदेश दिया।

बड़े मियाँ चिड़ियावाले की दूकान के निकट पहुँचते ही उन्होंने सड़क पर आकर ड्राइवर को रुकने का संकेत दिया। मेरे कोई प्रश्न करने के पहले ही उन्होंने कहना आरम्भ किया, "सलाम गुरु जी! पिछली बार आने पर आपने मोर के बच्चों के लिए पूछा था। शंकरगढ़ से एक चिड़ीयार दो मोर के बच्चे पकड़ लाया है, एक मोर है एक मोरनी। आप पाल लें। मोर के पंजों से दवा बनती है सो ऐसे ही लोग खरीदने आये थे। आखिर मेरे सीने में भी तो इंसान का दिल है। मारने के लिए ऐसी मासूम चिड़ियों को कैसे दे दूँ! टालने के लिए मैंने कह दिया—गुरुजी ने मँगवाये हैं। वैसे यह कमबख्त रोजगार ही खराब है। बस, पकड़ो-पकड़ो, मारो-मारो।"

बड़े मियाँ के भाषण की तूफान मेल के लिए कोई निश्चित स्टेशन नहीं है। सुनने वाला थककर जहाँ रोक दे वहीं स्टेशन मान लिया जाता है। इस तथ्य से परिचित होने के कारण ही मैंने बीच में उन्हें रोककर पूछा, "मोर के बच्चे हैं कहाँ?" बड़े मियाँ के हाथ के संकेत का अनुसरण करते हुए मेरी दृष्टि एक तार के छोटे-से पिंजड़े तक पहुँची जिसमें तीतरों के समान दो बच्चे बैठे थे। मोर हैं, यह मान लेना कठिन था। पिंजड़ा इतना संकीर्ण था कि वे पक्षिशावक जाली के गोल फ्रेम में कैसे जड़े चित्र जैसे लग रहे थे।

मेरे निरीक्षण के साथ-साथ बड़े मियाँ की भाषण मेल चली जा रही थी। "ईमान कसम, गुरुजी, चिड़ीमार ने मुझसे इस मोर के जोड़े के नकद तीस रुपये लिए हैं। बारहा कहा, भई जरा सोच तो, अभी इनमें मोर की कोई खासियत भी है कि तू इतनी बड़ी कीमत ही माँगने चला। पर वह मूँजी क्यों सुनने लगा। आपका खयाल करके अछता-पछताकर देना ही पड़ा। अब आप जो मुनासिब समझें।" अस्तु, तीस चिड़ीमार के नाम के और पाँच बड़े मियाँ के ईमान के देकर

जब मैंने वह छोटा पिंजड़ा कार में रखा तब मानो वह जाली के चौखटे का चित्र जीवित हो गया। दोनों पक्षिशावकों के छटपटाने से लगता था मानो पिंजड़ा ही सजीव और उड़ने योग्य हो गया है।

घर पहुँचने पर सब कहने लगे, तीतर हैं, मोर कहकर ठग लिया है।

कदाचित् अनेक बार ठगे जाने के कारण ही ठगे जाने की बात मेरे चिढ़ जाने की दुर्बलता बन गयी है। अप्रसन्न होकर मैंने कहा, "मोर के क्या सुर्खाब के पर लगे हैं। हैं तो पक्षी ही। और तीतर-बटेर क्या लम्बी पूँछ न होने के कारण उपेक्षा योग्य पक्षी हैं?" चिढ़ा दिये जाने के कारण ही सम्भवतः उन दोनों पक्षियों के प्रति मेरे व्यवहार और यत्न में कुछ विशेषता आ गयी।

पहले अपने पढ़ने-लिखने के कमरे में उनका पिंजड़ा रखकर उसका दरवाजा खोला, फिर दो कटोरों में सत्तू की छोटी-छोटी गोलियाँ और पानी रखा। वे दोनों चूहेदानी जैसे पिंजड़े से निकलकर कमरे में मानो खो गये। कभी मेज के नीचे घुस गये, कभी अलमारी के पीछे। अन्त में इस लुका-छिपी से थककर, उन्होंने मेरे रद्दी कागजों की टोकरी को अपने नये बसेरे का गौरव प्रदान किया। दो-चार दिन वे इसी प्रकार दिन में इधर-उधर गुप्तवास करते और रात में रद्दी की टोकरी में प्रकट होते रहे। फिर आश्वस्त हो जाने पर कभी मेरी मेज पर, कभी कुर्सी पर और कभी मेरे सिर पर अचानक आविर्भूत होने लगे। खिड़कियों में तो जाली लगी थी, पर दरवाजा मुझे निरन्तर बन्द रखना पड़ता था। खुला रहने पर चित्रा (मेरी बिल्ली) इन नवागन्तुकों का पता लगा सकती थी और जब उसकी शोध का क्या परिणाम होता, यह अनुमान करना कठिन नहीं है। वैसे वह चूहों पर भी आक्रमण नहीं करती, परन्तु यहाँ तो दो सर्वथा अपरिचित पक्षियों की अनधिकार चेष्टा का प्रश्न था। उसके लिए दरवाजा बन्द रहे और ये दोनों (उसकी दृष्टि में) ऐरे-गैरे मेज को अपना सिंहासन बना लें, यह स्थिति चित्रा जैसी अभिमानी मार्जारी के लिए असह्य ही कही जायगी।

जब मेरे कमरे का कायाकल्प चिड़ियाखाने के रूप में होने लगा, तब मैंने बड़ी कठिनाई से दोनों चिड़ियों को पकड़कर जाली के बड़े घर में पहुँचाया, जो मेरे जीव-जन्तुओं का सामान्य निवास है।

दोनों नवागन्तुकों ने पहले से रहने वालों में वैसा ही कुतूहल जगाया, जैसा नववधू के आगमन पर परिवार में स्वाभाविक है। लक्का कबूतर नाचना छोड़कर दौड़ पड़े और उनके चारों ओर घूम-घूमकर गुटर्गूं-गुटर्गूं की रागिनी अलापने लगे। बड़े खरगोश सभ्य सभासदों के समान क्रम से उनका निरीक्षण करने लगे। ऊन की गेंद जैसे छोटे खरगोश उनके चारों ओर उछल-कूद मचाने लगे। तोते मानो भली-भाँति देखने के लिए एक आँख बन्द करके उनका परीक्षण करने लगे। ताम्रचूड़ झूले से उतरकर और दोनों पंखों को फैलाकर शोर करने लगा। उस दिन

मेरे चिड़ियाघर में मानो भूचाल आ गया।

धीरे-धीरे दोनों मोर-बच्चे बढ़ने लगे। उनका कायाकल्प वैसा ही क्रमशः और रंगमय था, जैसा इल्ली से तितली का बनना।

मोर के सिर की कलगी और सघन, ऊँची तथा चमकीली हो गयी। चोंच अधिक बंकिम और पैनी हो गयी, गोल आँखों में इन्द्रनील की नीलाभ द्युति झलकने लगी। लम्बी नील-हरित ग्रीवा की हर भंगिमा में धूपछाँही तरंगें उठने-गिरने लगीं। दक्षिण-वाम दोनों पंखों में स्लेटी और सफेद आलेखन स्पष्ट होने लगे। पूँछ लम्बी हुई और उसके पंखों पर चन्द्रिकाओं के इन्द्रधनुषी रंग उद्दीप्त हो उठे। रंग-रहित पैरों को गर्वीली गति ने एक नयी गरिमा से रंजित कर दिया। उसका गर्दन ऊँची कर देखना, विशेष भंगिमा के साथ उसे नीचा कर दाना चुगना, पानी पीना, टेढ़ी कर शब्द सुनना आदि क्रियाओं में जो सुकुमारता और सौन्दर्य था, उसका अनुभव देखकर ही किया जा सकता है। गति का चित्र नहीं आँका जा सकता।

मोरनी का विकास मोर के समान चमत्कारिक तो नहीं हुआ, परन्तु अपनी लम्बी धूपछाँही गर्दन, हवा में चंचल कलगी, पंखों की श्याम-श्वेत पत्रलेखा, मंथर गति आदि से वह भी मोर की उपयुक्त सहचारिणी होने का प्रमाण देने लगी।

नीलाभ ग्रीवा के कारण मोर का नाम रखा गया नीलकंठ और उसकी छाया के समान रहने के कारण मोरनी का नामकरण हुआ राधा।

मुझे स्वयं ज्ञात नहीं कि कब नीलकंठ ने अपने-आपको चिड़ियाघर के निवासी जीव-जन्तुओं का सेनापति और संरक्षक नियुक्त कर लिया। सबेरे ही वह सब खरगोश कबूतर आदि की सेना एकत्र कर उस ओर ले जाता, जहाँ दाना दिया जाता है और घूम-घूमकर मानो सबकी रखवाली करता था। किसी ने कुछ गड़बड़ की और वह अपने तीखे चंचुप्रहार से उसे दण्ड देने दौड़ा।

खरगोश के छोटे और शरीर बच्चों को वह चोंच से उनके कान पकड़कर ऊपर उठा लेता था और जब तक वे आर्तक्रन्दन न करने लगते, उन्हें अधर में लटकाए रखता। कभी-कभी उसकी पैनी चोंच से खरगोश के बच्चों का कर्णवेध संस्कार हो जाता था, पर वे फिर कभी उसे क्रोधित करने का अवसर न देते थे। उसके दण्डविधान के समान ही उन जीव-जन्तुओं के प्रति उसका प्रेम भी असाधारण था। प्रायः वह मिट्टी में पंख फैलाकर बैठ जाता और वे सब उसकी लम्बी पूँछ और सघन पंखों में छुआ-छुऔअल-सा खेलते रहते थे।

एक दिन उसके अपत्यस्नेह का हमें ऐसा प्रमाण मिला कि हम विस्मित हो गये। कभी-कभी खरगोश, कबूतर आदि साँप के लिए आकर्षण बन जाते हैं और यदि जाली के घर में पानी निकलने के लिए बनी नालियों में से कोई खुली रह जाय तो उसका भीतर प्रवेश पा लेना सहज हो जाता है। ऐसी ही किसी स्थिति में एक साँप जाली के भीतर पहुँच गया।

सब जीव-जन्तु भागकर इधर-उधर छिप गये; केवल एक शिशु खरगोश साँप की पकड़ में आ गया। निगलने के प्रयास में साँप ने उसका आधा पिछला शरीर को मुँह में दबा रखा था; शेष आधा जो बाहर था, उससे चीं-चीं का स्वर भी इतना तीव्र नहीं निकल सकता था कि किसी को स्पष्ट सुनाई दे सके। नीलकण्ठ दूर ऊपर झूले में सो रहा था। उसी के चौकन्ने कानों ने उस मन्द स्वर की व्यथा पहचानी और वह पूँछ पंख समेट कर सर से एक झपट्टे में नीचे आ गया।

सम्भवतः अपनी सहज चेतना से ही उसने समझ लिया होगा कि साँप के फन पर चोंच मारने से खरगोश भी घायल हो सकता है। उसने साँप को फन के पास पंजों से दबाया और फिर चोंच से इतने प्रहार किये कि वह अधमरा हो गया। पकड़ ढीली पड़ते ही खरगोश का बच्चा मुख से निकल तो आया, परन्तु निश्चेष्ट-सा वहीं पड़ा रहा।

राधा ने सहायता देने की आवश्यकता नहीं समझी; परन्तु अपनी मन्द्र केका से किसी असामान्य घटना की सूचना सब ओर प्रसारित कर दी। माली पहुँचा, फिर हम सब पहुँचे। नीलकंठ जब साँप के दो खण्ड कर चुका, तब उस शिशु खरगोश के पास गया और रात भर उसे पंखों के नीचे रखे उष्णता देता रहा।

कार्तिकेय ने अपने युद्ध-वाहन के लिए मयूर को क्यों चुना होगा, यह उस पक्षी का रूप और स्वभाव देखकर समझ में आ ज़ाता है।

मयूर कलाप्रिय वीर पक्षी है, हिंसक मात्र नहीं। इसी से उसे बाज, चील आदि की श्रेणी में नहीं रखा जा सकता, जिनका जीवन ही क्रूर-कर्म है।

नीलकण्ठ में उसकी जातिगत विशेषताएँ तो थीं ही, उनका मानवीकरण भी हो गया था।

मेघों की साँवली छाया में अपने इन्द्रधनुष के गुच्छे जैसे पंखों को मण्डलाकार बनाकर जब वह नाचता था, तब उस नृत्य में एक सहजात लय-ताल रहता था। आगे-पीछे, दाहिने-बाएँ क्रम से घूमकर वह किसी अलक्ष्य सम पर ठहर-ठहर जाता था।

राधा नीलकंठ के समान नहीं नाच सकती थी, परन्तु उसकी गति में भी एक छन्द रहता था। वह नृत्यमग्न नीलकंठ के दाहिनी ओर के पंख को छूती हुई बायीं ओर निकल आती थी और बाएँ पंख को स्पर्श कर दाहिनी ओर। इस प्रकार उसकी परिक्रमा में भी एक पूरक ताल का परिचय मिलता था। नीलकंठ ने कैसे समझ लिया कि उसका नृत्य मुझे बहुत भाता है, यह तो नहीं बताया जा सकता; परन्तु अचानक एक दिन वह मेरे जालीघर के पास पहुँचते ही, अपने झूले से उतरकर नीचे आ गया और पंखों का सतरंगी मण्डलाकार छाता तानकर नृत्य की भंगिमा में खड़ा हो गया तब से यह नृत्य-भंगिमा नित्य का क्रम बन गयी। प्रायः मेरे साथ कोई न कोई देशी-विदेशी अतिथि भी पहुँच जाता था और नीलकंठ की

मुद्रा को अपने प्रति सम्मानसूचक समझकर विस्मयाभिभूत हो उठता था। कई विदेशी महिलाओं ने उसे "परफेक्ट जेन्टिलमैन" की उपाधि दे डाली।

जिस नुकीली पैनी चोंच से वह भयंकर विषधर को खंड-खंड कर सकता था, उसी से मेरी हथेली पर रखे हुए भुने चने ऐसी कोमलता से हौले-हौले उठाकर खाता था कि हँसी भी आती थी और विस्मय भी होता था। फलों के वृक्षों से अधिक उसे पुष्पित और पल्लवित वृक्ष भाते थे।

बसन्त में जब आम के वृक्ष सुनहली मंजरियों से लद जाते थे, अशोक नये लाल पल्लवों से ढँक जाता था, तब जालीघर में वह इतना अस्थिर हो उठता कि उसे बाहर छोड़ देना पड़ता। पर जब तक राधा को भी मुक्त न किया जाए; वह दरवाजे के बाहर ही उपालम्भ की मुद्रा में खड़ा रहता। मंजरियों के बीच उसकी नीलाभ झलक सन्ध्या की छाया से सुनहले सरोवर में नीले कमलदलों का भ्रम उत्पन्न कर देती थी। हवा से तरंगायित अशोक के रक्तिमाभ पत्तों में तो वह मूँगे के फलक पर मरकत से बना चित्र जान पड़ता था।

नीलकंठ और राधा की तो सबसे प्रिय ऋतु वर्षा ही थी। मेघों के उमड़ आने से पहले ही वे हवा में उसकी सजल आहट पा लेते थे और तब उनकी मन्द्र केका की गूँज-अनुगूँज तीव्र से तीव्रतर होती हुई मानो बूँदों के उतरने के लिए सोपान-पंक्ति बनने लगती थी। मेघ के गर्जन के ताल पर ही उसके तन्मय नृत्य का आरम्भ होता। और फिर मेघ जितना अधिक गरजता, बिजली जितनी अधिक चमकती, बूँदों की रिमझिमाहट जितनी तीव्र होती जाती, नीलकंठ के नृत्य का वेग उतना ही अधिक बढ़ता जाता और उसकी केका का स्वर उतना ही मन्द्र से मन्द्रतर होता जाता। वर्षा के थम जाने पर वह दाहिने पंजे पर दाहिना पंख और बाएँ पर बायाँ पंख फैला कर सुखाता। कभी-कभी वे दोनों एक-दूसरे के पंखों से टपकने वाली बूँदों को चोंच से पी-पीकर पंखों का गीलापन दूर करते रहते।

इस आनन्दोत्सव की रागिनी में बेमेल स्वर कैसे बज उठा, यह भी एक करुण कथा है।

एक दिन मुझे किसी कार्य से नखासकोने से निकलना पड़ा और बड़े मियाँ ने पहले के समान कार को रोक लिया। इस बार किसी पिंजड़े की ओर नहीं देखूँगी, यह संकल्प करके मैंने बड़े मियाँ की विरल दाढ़ी और सफेद डोरे से कान में बँधी ऐनक को ही अपने ध्यान का केन्द्र बनाया। पर बड़े मियाँ के पैरों के पास जो मोरनी पड़ी थी उसे अनदेखा करना कठिन था। मोरनी राधा जैसी ही थी। उसके मूँज से बँधे दोनों पंजों की उँगलियाँ टूटकर इस प्रकार एकत्र हो गयी थीं कि वह खड़ी ही नहीं हो सकती थी। बड़े मियाँ की भाषण-मेल फिर दौड़ने लगी—"देखिए गुरुजी, कम्बख्त चिड़ीमार ने बेचारी का क्या हाल किया है। ऐसे कभी चिड़िया पकड़ी जाती है। आप न आयी होतीं तो मैं उसी के सिर इसे

पटक देता। पर आपसे भी यह अधमरी मोरनी ले जाने को कैसे कहूँ!" सारांश यह कि सात रुपये देकर मैं उसे अगली सीट पर रखवा कर घर ले आयी और एक बार फिर मेरे पढ़ने-लिखने का कमरा अस्पताल बना। पंजों की मरहम पट्टी और देखभाल करने पर वह महीने भर में अच्छी हो गयी। उँगलियाँ वैसी ही टेटी-मेढ़ी रहीं, परन्तु वह ठूँठ जैसे पंजों पर डगमगाती हुई चलने लगी। तब उसे जालीघर में पहुँचाया गया और नाम रखा गया कुब्जा। कुब्जा नाम के अनुरूप स्वभाव से भी वह प्रमाणित हुई।

अब तक नीलकंठ और राधा साथ रहते थे। अब कुब्जा उन्हें साथ देखते ही मारने दौड़ती! चोंच से मार-मारकर उसने राधा की कलंगी नोच डाली, पंख नोच डाले। कठिनाई यह थी कि नीलकंठ उससे दूर भागता था और वह उसके साथ रहना चाहती थी। न किसी जीव-जन्तु से उसकी मित्रता थी, न वह किसी को नीलकंठ के समीप आने देना चाहती थी। उसी बीच राधा ने दो अण्डे दिए, जिनको वह पंखों में छिपाए बैठी रहती थी। पता चलते ही कुब्जा ने चोंच मार-मारकर राधा को ढकेल दिया फिर अण्डे फोड़कर ठूँठ जैसे पैरों से सब ओर छितरा दिए।

हमने उसे अलग बन्द किया तो उसने दाना-पानी छोड़ दिया और जाली पर सिर पटक-पटककर घायल कर लिया।

इस कलह-कोलाहल से और उससे भी अधिक राधा की दूरी से बेचारे नीलकंठ की प्रसन्नता का अन्त हो गया।

कई बार वह जाली के घर से निकल भागा। एक बार कई दिन भूखा-प्यासा आम की शाखाओं में छिपा बैठा रहा, जहाँ से बहुत पुचकार कर मैंने उतारा। एक बार मेरी खिड़की के शेड पर छिपा रहा।

मेरे दाना देने जाने पर वह सदा के समान अब भी पंखों को मण्डलाकार बनाकर खड़ा हो जाता था, पर उसकी चाल में थकावट और आँखों में एक शून्यता रहती थी। अपनी अनुभवहीनता के कारण ही मैं आशा करती रही कि थोड़े दिन बाद सबमें मेल हो जाएगा। अन्त में तीन-चार मास के उपरान्त एक दिन सबेरे जाकर देखा कि नीलकंठ पूँछ-पंख फैलाए धरती पर उसी प्रकार बैठा हुआ है, जैसे खरगोश के बच्चों को पंखों में छिपाकर बैठता था। मेरे पुकारने पर भी उसके न उठने पर संदेह हुआ।

वास्तव में नीलकंठ मर गया था। "क्यों" का उत्तर तो अब तक नहीं मिल सका है। न उसे कोई बीमारी हुई, न उसके रंग-बिरंगे फूलों के स्तबक जैसे शरीर पर किसी चोट का चिह्न मिला। मैं अपने शाल में लपेटकर उसे संगम ले गयी। जब गंगा की बीच धार में उसे प्रवाहित किया गया, तब उसके पंखों की चन्द्रिकाओं से बिम्बित-प्रतिबिम्बित होकर गंगा का चौड़ा पाट एक विशाल मयूर

के समान तरंगित हो उठा।

नीलकंठ के न रहने पर राधा तो निश्चेष्ट-सी कई दिन कोने में बैठी रही। वह कई बार भागकर लौट आया था, अतः वह प्रतीक्षा के भाव से द्वार पर दृष्टि लगाए रहती थी। पर कुब्जा ने कोलाहल के साथ खोज-ढूँढ़ आरम्भ की। खोज के क्रम में वह प्रायः जाली का दरवाजा खुलते ही बाहर निकल आती थी और आम, अशोक, कचनार आदि की शाखाओं में नीलकंठ को ढूँढ़ती रहती थी। एक दिन वह आम से उतरी ही थी कि कजली (अल्सेशियन कुत्ती) सामने पड़ गयी। स्वभाव के अनुसार उसने कजली पर भी चोंच से प्रहार किया। परिणामतः कजली के दो दाँत उसकी गर्दन पर लग गये। इस बार उसका कलह-कोलाहल और द्वेष-प्रेम भरा जीवन बचाया न जा सका। परन्तु इन तीन पक्षियों ने मुझे पक्षिप्रकृति की विभिन्नता का जो परिचय दिया है, वह मेरे लिए विशेष महत्त्व रखता है।

राधा अब प्रतीक्षा में ही दुकेली है। आषाढ़ में जब आकाश मेघाच्छन्न हो जाता है, तब वह कभी ऊँचे झूले पर और कभी अशोक की डाल पर अपनी केका को तीव्र से तीव्रतर करके नीलकंठ को बुलाती रहती है।

हरिशंकर परसाई

हरिशंकर परसाई का जन्म मध्य प्रदेश के इटारसी के पास जमानी नामक स्थान पर 22 अगस्त, 1924 ई. को हुआ। नागपुर विश्वविद्यालय से इन्होंने हिन्दी में एम.ए. किया। कुछ वर्षों तक इन्होंने अध्यापन कार्य किया किन्तु लेखन के प्रति विशेष लगाव के कारण अध्यापन कार्य को छोड़कर पूर्णतया साहित्य सेवा में संलग्न हो गये। जबलपुर से इन्होंने 'वसुधा' नामक साहित्यिक पत्रिका का सम्पादन और प्रकाशन शुरू किया, कुछ वर्षों बाद आर्थिक कारणों से यह पत्रिका बन्द हो गयी। इनकी बहुमुखी प्रतिभा निबन्ध तथा काव्य सृजन में दिखाई देती है। इनकी प्रमुख रचनाएँ–

निबन्ध संग्रह : 'तब बात और थी', 'भूत के पाँव पीछे की ओर', 'बेईमानी की परत', 'पगडंडियों का जमाना', 'सदाचार का तावीज़', 'शिकायत मुझे भी है'।

उपन्यास : 'रानी केतकी की कहानी', 'तट की खोज'।

कहानी संग्रह : 'हँसते हैं, रोते हैं', 'जैसे उनके दिन फिरे'।

परसाई स्वतन्त्र निबन्ध लेखक हैं, उनकी स्वतन्त्र लेखनी उनके अनुभवों की उपज है। जीवन को देखने की उनकी अपनी दृष्टि है। उन्हें जो भी बनावटी और अनुचित दिखता है वे उस बनावटीपन पर जमकर प्रहार करते हैं।

परसाई जी अपनी रचनाओं में व्यक्ति और समाज की दुर्बलताओं पर गहरी चोट करते हैं। इनका व्यंग्य व्यक्तिगत राग-द्वेष या सस्ते मनोरंजन तक सीमित नहीं रहता। परसाई जी का तीक्ष्ण व्यंग्य समाज में फैली विसंगतियों तथा विकृतियों से रू-ब-रू कराता है। आवश्यकतानुसार हास्य-विनोद, तथा प्रतीक आदि का सही प्रयोग कर कथ्य को चुटीला और मार्मिक बनाने की कला में परसाई जी सिद्धहस्त हैं। विसंगतियों के साथ ये कहीं भी समझौता नहीं करते। आम आदमी की दुर्दशा, उसके लिए जिम्मेदार राजनीति, पुलिस का आतंक व सामाजिक-आर्थिक विषमताओं पर परसाई जी तीखा प्रहार करते हैं। इनका समूचा लेखन सोद्देश्य है और मनुष्य को सतर्क करने का प्रयास है। परसाई के व्यंग्य स्थितियों से छेड़छाड़ नहीं करते, स्थितियों की समीक्षा करते हैं।

परसाई जी के व्यंग्यों में वार्तालाप शैली का प्रयोग मिलता है। रचनाओं

में ये ऐसे उपमानों का प्रयोग करते हैं, जिससे व्यंग्य की शक्ति कई गुना बढ़ जाती है। इनकी दृष्टि में व्यंग्य-लेखन निर्मम तथा मनुष्य-विरोधी हो कर नहीं जी सकता वरन् वह जीवन की कमजोरियों का निदान प्रस्तुत करने के लिए ही कठोर रुख अपनाता है। परसाई के व्यंग्य को पढ़कर जो तिलमिलाहट होती है, वह हमें समस्त संस्कृति व सभ्यता के बारे में सोचने के लिए बाध्य कर देती है। इनका व्यंग्य मनोरंजन से अधिक पाठकों के मन पर दुख की अमिट छाप छोड़ जाता है। इनका व्यंग्य आज की भारतीय मानसिकता का पर्याय है। इनके कथन में विविधता है तो शिल्पगत रचाव भी। इनके व्यंग्यों की विचार-भूमि प्रामाणिक और व्यापक है। बौद्धिक और मानसिक दृष्टि से इनमें एक प्रौढ़ता है। इन्हें भाषा की सही पहचान है। शब्दों का भावोचित विन्यास कथ्य को पाठकों के मानस में सीधे उतार देता है। व्यंग्य में नये शब्द गढ़ना हरिशंकर परसाई की भाषा का वैशिष्ट्य है। लाक्षणिकता भाषा के स्वरूप को निखारती जान पड़ती है।

कर कमल हो गये

पिछले महीने से अपने हाथ भी कमल हो गये हैं। मेरे पास तीन कालेजों के समारोहों के निमन्त्रण-पत्र रखे हैं, जिनमें श्रीमान या श्रीमतीजी से कहा गया है कि उद्घाटन इस अकिंचन के करकमलों से होगा। यह मैं कर भी आया। चरण कमलों से मंच पर चढ़ा, कमल नयनों से लोगों को देखा, कर कमल से फीता काटा और मुख कमल से भाषण दे डाला। उन लोगों ने सिर्फ हाथों को कमल कहा था, मैंने शरीर-भर को कमल बना लिया। ऐसा देवताओं का होता था। राम के तो नाखून तक कमल के थे। देवताओं का एक काम तो मैं भी करता हूँ। आकाशवाणी करता हूँ। रेडियों से बोलता हूँ और रेडियो का हिन्दी नाम आकाशवाणी है। यों मैं विनोबा भावे से ज्यादा गाँधीजी के रास्ते पर चलता हूँ। जिस रास्ते से रोज निकलता हूँ, उसका नाम ही महात्मा गाँधी मार्ग है। नाम से आदमी तर जाता है। उल्टे नाम तक से तर जाता है। कोई 'मरा-मरा' चिल्ला रहा था तो राम ने उसे सीधा स्वर्ग भेज दिया। बड़े आदमी छोटा अहसान करके 'प्रोपेगेण्डा स्टण्ट' साधते हैं। वैष्णव इस स्टण्ट को समझे ही नहीं और स्तुति गाने लगे।

मेरे एक दोस्त के कर भी कमल हो गये हैं। मुझसे कुछ बेहतर क्वालिटी के, क्योंकि वे पाँच उद्घाटन इस मौसम में कर चुके हैं। वे मेरे हाथ उलट-पलटकर देखते हैं, और मैं उनके देखता हूँ। और वे कहते हैं, "यार, दोनों के हाथ एकाएक कमल कैसे हो गये? यह क्या बात है?"

सचमुच यह बात क्या है? मैंने भरसक कोशिश की है कि हाथ कमल न हो जाएँ। हथेली पर मैंने काँटे बोये हैं। मगर न जाने क्या हुआ कि कर एकाएक कमल हो गये। अब मैं परेशान हूँ। जिनके हाथ मुझसे पहले कमल हो गये थे, उनकी दुर्दशा मैं देख रहा हूँ। वे कर कमलों से उद्घाटन करने जाते हैं, और मुख कमल खोलते हैं, तो माइक की तबीयत चाँटा जड़ देने की होती है। अभी वह जब्त किये हैं, पर एक वक्त ऐसा आएगा जब माइक मुख कमल में घुसकर टेटरी बन्द कर देता। पर कमलवाले मुँह खोलते हैं कि लड़के चिल्लाते हैं, 'भाषण नहीं नौकरी दो!' वे सँभलकर कहते हैं, 'यह देश तुम युवकों का है।' लड़के

चिल्लाते हैं, 'बकवास बन्द करो।' वे कहते हैं, 'इस देश का तुम्हें निर्माण करना है।' लड़के कहते हैं, 'चुप रह बे!' वे कहते हैं, 'हमें तुमसे बड़ी-बड़ी आशाएँ हैं।' लड़के चिल्लाते हैं, 'शटप!' फिर घेराव, नारे, जूता फेंक और कभी पिटाई भी।

ये कमल अब कालेजों में जाने में डरने लगे हैं। उद्घाटन करनेवालों का टोटा पड़ने लगा था। जूता मारने को कमल तो चाहिए ही। अब मुझ जैसे लोगों के कर कमल बना दिये गये हैं। सार्वजनिक जिन्दगी में एक ऐसा वक्त आता है जब आदमी कमल हो जाता है। फिर ऐसा वक्त आता है जब कमल पर जूते पड़ते हैं!

अखबार में यह जिनका चित्र है, उनके हाथ पिछले पन्द्रह सालों से कमल हैं।

सैकड़ों निमन्त्रण-पत्र इसके प्रमाण हैं। कल ही एक विश्वविद्यालय में अच्छी-अच्छी बातें कहते हुए वे पिट गये। आजकल देख रहा हूँ कि अच्छी बातें कहनेवाले ज्यादा पिट रहे हैं। अब अच्छी बातें कहने का हक किसी को लोग देना नहीं चाहते। जिस देश में अच्छी बातें कहने से आदमी पिट जाए, उसमें अच्छी बात कहनेवालों ने क्या गजब न किया होगा?

कल मुखकमल से अच्छी बातें कहते हुए जो पिट गये थे, वे इस चित्र में मुस्कराते हुए पालम हवाई अड्डे पर विदेशी अतिथि का स्वागत कर रहे हैं। विदेशी राज-अतिथि की मुसकान इतनी अच्छी है कि लगता है, वे भी अपने देश में पिटकर हवाई जहाज में बैठे होंगे। बिना पिटे ऐसी अच्छी मुसकान नहीं आ सकती, यह हमारा पिटकर मुसकानेवाला बता रहा है। इस देश में यह बड़ी अजब बात है कि जो जितना पिटता है, वह उतना ही अच्छा मुस्कराता है।

विदेशी राज-अतिथि से अपना यह कमलवाला क्या कह रहा है। वह जो कहता है, अखबारों में नहीं छपता। वह कहता है—'साहब, हमारी शर्म अब 20-22 साल की जवान लड़की हो गयी है। मगर वह नंगी रहती है। जब आप आते हैं तो आपकी मुसकान की रेशमी साड़ी अपनी नंगी शर्म को पहनाकर आपके सामने पेश करते हैं। आप इससे शादी कर लीजिए, यह पूर्ण शीलवती है। हमने हर चीज का शील भंग हो जाने दिया है, पर शर्म के शील की रक्षा की है!'

इसके बाद वह अपने कर कमलों से दो दर्शनी हुण्डियाँ निकालेगा—एक चीन की और दूसरी पाकिस्तान की और फौरन भुगतान करा लेगा। फिर वह किसी जादू से चीन और पाकिस्तान को बच्चों को डराने के 'बाबा' बना लेगा। बच्चे भूख के कारण रोएँगे, तो कहेगा—'चुप, सो जा। बाबा आ रहे हैं। चीन और पाकिस्तान पकड़कर ले जाएँगे।' बच्चे डर से भूख को मारकर सो जाएँगे।

विदेशी फिर कहेगा—'आपके देश की महान संस्कृति है।' अपना कमल कहेगा, 'संस्कृति की हड्डी को अब कुत्ते चबाते घूम रहे हैं। संस्कृति की हड्डी

कुत्ते का जबड़ा फोड़कर उसके खून को उसी को स्वाद से चटवा रही है। हाँ, हम विश्वबन्धुत्व भी मानते हैं, यानी अपने भाई के सिवा बाकी दुनिया-भर को भाई मानते हैं।'

ये कमल अब पुलिस की सुरक्षा में मिलते हैं। यह नयी किस्म का कमल इस देश में पैदा हुआ है, जो तभी खिलता है, जब आसपास पुलिस हो। वनस्पतिशास्त्रियों को इसका अध्ययन करना चाहिए। नृतत्त्वशास्त्रियों के काम का यह नहीं है, क्योंकि यह आदमी नहीं, कमल है। कमल सूर्य को देखकर खिलता है, सूर्यास्त पर बन्द हो जाता है। यह नया कमल पुलिस देखकर खिलता है, पुलिस न दिखे तो मुरझा जाता है। बड़ा सुन्दर दृश्य होता है—आगे पुलिस, पीछे पुलिस, बायें पुलिस, दायें पुलिस और बीच में यह कमल मुसकराता चला जाता है। एक सूखा सरोवर है, जिसमें खाकी लहरें उठ रही हैं। खाकी लहरों के बीच यह कमल खिलता है।

जब लोग करों को कमल बनाने पर तुले ही हैं तो अपने बारे में चिन्ता हो गयी है। कैसे यह रोल निभेगा? एक तो मैं हरगिज अच्छी बातें नहीं कहूँगा। इस देश का आदमी लगातार अच्छी बातों से मारा गया है। बहुत लोगों का खयाल है कि जवाहरलाल शेरवानी में गुलाब का फूल न खोंसकर भटकटैया खोंसते तो ज्यादा अच्छा होता। लगातार अच्छी बातों से मारा, सुन्दर फूल से मारा। मैं अगर अपने मुख कमल से कोरी अच्छी बातें करूँ तो सामने बैठे लोग मुझे फौरन जूता मार दें। मगर बहुतों के पैरों में जूते नहीं हैं, ये क्या मारेंगे? संविधान में जूते मारने का बुनियादी अधिकार तो होना ही चाहिए। आदमी के पेट में अन्न न हो, शरीर पर कपड़े न हों, पर पाँवों में जूता जरूर होना चाहिए, जिससे वह जब चाहे बुनियादी अधिकार का उपयोग कर सके।

मैं कोई अच्छी बात नहीं कहता। मैं तो 'उद्‌घाटन' को भी बुरा शब्द मानता हूँ। साहित्य में जो अपने को विद्रोही पीढ़ी कहती है उसके एक संकलन का उद्‌घाटन करने के लिए मुझे बुला लिया गया था। मैंने देखा, वैसा ही सुनहला निमन्त्रण-पत्र—उसमें वही 'उपस्थिति में शोभा' बढ़ाने की बात, पुस्तक पर रंगीन कागज और उस पर बँधा वही रेशमी पीला फीता। इसमें विद्रोही पीढ़ीपन कहाँ है? मैंने माइक हाथ में लेते ही कहा—'विद्रोही पीढ़ी का उद्‌घाटन समारोह नहीं, 'विस्फोटन' समारोह होना चाहिए। निमन्त्रण-पत्र पर होना चाहिए—हमारे काव्य-संकलन का विस्फोटन अमुक वक्त पर होगा। तुम्हें आना हो तो आओ वरना ऐसी-तैसी कराओ' यह बात तरुणों को अच्छी लगी। बात अच्छी नहीं है न!

सफल कमल होने की मैं पूरी कोशिश करूँगा। सारे हथकण्डे सीखूँगा। गुरुओं की कमी नहीं है। एक गुरु को मैंने पिछले साल पा लिया। वे मेरे शहर में एक समारोह का उद्‌घाटन कर रहे थे। बहुत भाव-विभोर होकर बोले—'अहा,

जबलपुर! पुण्यभूमि है। यहाँ की मिट्टी में इतिहास बिखरा पड़ा है। यहाँ की धूल चन्दन है। मैं उसे मस्तक से लगाता हूँ।' उन्होंने जेब से धूल की पुड़िया निकाली और कपाल पर लगा ली। साहब पूरा हॉल मुग्ध हो गया और उन्होंने घण्टे-भर भाषण खींच दिया।

मैं उनके पीछे लग गया। सागर में एक समारोह का उद्‌घाटन करते हुए उन्होंने फिर कहा—'अहा, सागर! यह पुण्यभूमि है। यहाँ की मिट्टी में इतिहास बिखरा पड़ा है। यहाँ की धूल चन्दन है। मैं इसे मस्तक से लगाता हूँ।' उन्होंने फिर जेब से पुड़िया निकाली और कपाल पर धूल लगा ली। सागरवाले भी मुग्ध होकर उन्हें सुनते रहे।

फिर वे बरेली पहुँचे। वहाँ वे बोले, 'अहा, बरेली! यह पुण्यभूमि है। यहाँ की मिट्टी में इतिहास बिखरा पड़ा है। यहाँ की धूल चन्दन है। मैं इसे मस्तक पर लगाता हूँ।' पुड़िया निकालकर फिर उन्होंने धूल लगा ली। वे घर से धूल की पुड़िया जेब में डालकर चलते हैं।

यह गुर अच्छा है। मगर यह गुरु के नगर में फेल हो जाता है। शिवकुमार बताता है कि मैं उन्हीं गुरु के शहर गया हुआ था। समारोह की अध्यक्षता वही कर रहे थे। मैंने भावुकता से कहा—'अहा, यह नगरी पुण्यभूमि है। इसकी मिट्टी में इतिहास बिखरा पड़ा है'—लोग हँसने लगे। मैं पुड़िया निकालकर कपाल पर धूल लगा ही नहीं सका।

तरकीबें कई हैं। एक तरकीब हर मौके पर काम नहीं करती। तरकीबें मुझे भी बहुत आती हैं पर मेरे मित्र फिर कहते हैं—'अपने हाथ एकाएक कमल कैसे हो गये? आखिर यह क्या हो गया?'

वे ही सोचकर जवाब देते हैं—'हमलोग बुद्धिजीवी हैं। बुद्धिजीवी का रुतबा बढ़ रहा है।'

हाँ, बढ़ तो रहा है। इस देश के बुद्धिजीवी सब शेर हैं। पर वे सियारों की बारात में बैण्ड बजाते हैं।

अर्चना वर्मा

अर्चना वर्मा का जन्म : 1946 में इलाहाबाद में हुआ। पिता के तबादले वाली नौकरी के कारण उत्तर प्रदेश के विभिन्न शहरों में घूमते हुए बचपन बीता और आरम्भिक शिक्षा सम्पन्न हुई। एम.ए. इलाहाबाद विश्वविद्यालय से हिन्दी साहित्य में।

1966 से दिल्ली में मिराण्डा हाउस के हिन्दी विभाग से सम्बद्ध। अध्यापन जीवन के सबसे अधिक मूल्यवान अनुभव की तरह मिला।

पहली रचना 1966 में 'धर्मयुग' के दीपावली विशेषांक में। हिन्दी की प्रमुख कथा पत्रिका 'हंस' के साथ पिछले बीस वर्षों से सम्पादकीय सहयोगी के रूप में सम्बद्ध। कहानी, कविता, किशोर साहित्य, संस्मरण, स्त्री विमर्श, समीक्षा, आलोचना आदि सभी विधाओं में धीरे-धीरे विलम्बित किन्तु नियमित लेखन सभी प्रमुख पत्रिकाओं में प्रकाशित। दो कहानी संग्रह, दो कविता संग्रह, एक किशोर उपन्यास, एक आलोचना की किताब प्रकाशित।

कुरीति तोड़ो, परिवार नहीं

प्रिय बेटी,

हाल ही में मैंने तुम्हें पत्र में दहेज कानून के बारे में लिखा था और बताया था कि आज भौतिक सुख-सुविधाओं की खातिर इंसान की जान कितनी सस्ती हो गयी है। अच्छी बात यह है कि कुछ लड़कियाँ अब साहस कर दहेज लोभियों से शादी करने से इंकार कर रही हैं।

दहेज कानून को लेकर अच्छा-खासा विवाद है। दिल्ली उच्च न्यायालय ने इसे असंज्ञेय अपराधों की श्रेणी में शामिल कर जमानती बनाने का सुझाव दिया था। अदालत का मानना है कि दहेज प्रताड़ना के मामले में तब तक संज्ञान नहीं लिया जाना चाहिए जब तक प्रताड़ना के कारण महिला को गम्भीर किस्म की शारीरिक चोट या मानसिक आघात न पहुँचा हो। अदालत का कहना है कि कानून बनाने का मुख्य उद्देश्य दहेज प्रथा समाप्त करना और सामाजिक व्यवस्था बनाए रखना है ताकि महिलाओं के साथ मानवीय व्यवहार हो। पर दहेज प्रताड़ना की धारा 498-ए का दुरुपयोग होने लगा है। कानून की आड़ में कई बार वर पक्ष के स्कूली बच्चों, बूढ़ों, दूरदराज के सम्बन्धियों तक को फँसा दिया जाता है। इससे अच्छे-भले परिवार के बिखरने की नौबत आ जाती है। दहेज निषेध कानून को 1984 में संशोधित कर संज्ञेय अपराध की श्रेणी में रखा गया था ताकि दहेज की दिन पर दिन बढ़ती माँग के कारण लड़कियों को प्रताड़ित न होना पड़े। दहेज के लिए मारपीट या सताए जाने पर पति और ससुराल वालों को सजा के प्रावधान से उम्मीद थी कि दहेज समस्या पर अंकुश लगेगा, मगर कानून का डर भी दहेज लोभियों को रोक नहीं पा रहा है।

इस बात से इनकार नहीं किया जा सकता कि दहेज कानून का कुछ लोगों द्वारा दुरुपयोग किया जा रहा है। देखने में आया है कि कुछ लड़कियाँ खुद दहेज माँगती हैं। लड़कियों को पैतृक सम्पत्ति में हिस्सा नहीं मिलता, इसीलिए उन्हें लगता है कि दहेज के बहाने ही माँ-बाप से जितना लिया जा सकता है, ले लो। पर सच्चाई यह है कि ज्यादातर लड़कियाँ इस कुप्रथा से छुटकारा चाहती हैं। पानी सिर के ऊपर से निकल जाने पर ही लड़कियाँ दहेज कानून में केस दर्ज कराती हैं।

बेटी, तुम्हें पता है कि विवाह एक सामाजिक बन्धन है, जिसकी बुनियाद विश्वास पर आधारित है। यदि पति-पत्नी के मतभेदों के घर की चारदीवारी लाँघ कोर्ट-कचहरी तक पहुँचने की नौबत आ जाए तो मानना पड़ेगा कि मामला बहुत गम्भीर है। महिलाओं पर अत्याचार के विरुद्ध लम्बा संघर्ष करने के बाद ही दहेज कानून बनवाने में सफलता मिली थी। इतना कड़ा कानून होने के बावजूद दहेज के लिए लड़कियों की जान लेने या प्रताड़ित करने की घटनाएँ लगातार बढ़ती जा रही हैं। देश की विभिन्न अदालतों में दहेज से हुई मौत के ही करीब 25 हजार मामले लंबित पड़े हैं। इनमें से लगभग 16-17 प्रतिशत मामलों की ही सुनवाई हो रही है। और मात्र 5-6 प्रतिशत को ही सजा मिल पाती है।

और खुलकर कहा जाए तो ये आँकड़े एक दुखद नजारा पेश करते हैं। दहेज से हुई मौत की करीब 30 प्रतिशत शिकायतों की जाँच नहीं होती। जिन मामलों की पुलिस तहकीकात करती है, उनमें से केवल 67 प्रतिशत की चार्जशीट दाखिल की जाती है। यानी अदालत तक आते-आते बहुत से मामलों में अभियुक्त बरी हो जाते हैं। इन तथ्यों से लगता है कि या तो दहेज कानून में खामियाँ हैं या फिर हमारी पुलिस और अदालती प्रणाली में कहीं कोई दोष है।

दहेज उत्पीड़न की रिपोर्ट पहले पुलिस में दर्ज कराई जाती है। अगर रिपोर्ट झूठी अथवा तथ्यों पर आधारित नहीं है तो पुलिस उसे प्राथमिक स्तर पर ही निपटा सकती है। चूंकि दहेज के मामले में तुरन्त गिरफ्तारी हो जाती है, इसलिए कई बार पति-पत्नी में झगड़ा होने पर वकील दहेज कानून के अंतर्गत मामला दर्ज करने की सलाह देते हैं। दबाव में या अनेक बार लड़का या उसके घर वाले समझौता कर बहू को घर लाने को राजी हो जाते हैं और भविष्य में उसे उत्पीड़ित करने से बाज आ जाते हैं। अगर कोई मामला एकदम झूठा है या किसी को बेवजह फँसाया जा रहा है तो इसका फैसला या तो पुलिस करती है या अदालत। पर इसका यह मतलब कतई नहीं है कि वर्तमान कानून ही बदल दिया जाए।

बेटी, हमारे समाज में लड़कियों या महिलाओं की स्थिति अभी काफी खराब है। उन्हें पुरुषों के समान दर्जा पाने में बरसों लगेंगे। दहेज कानून को बदलने या हल्का बनाने के बजाय सरकार को लड़कियों को लड़कों की भाँति पैतृक सम्पत्ति में समान अधिकार देने का कानून बनाना चाहिए। इससे एक तो, लड़कियों को आर्थिक अधिकार प्राप्त होगा दूसरे, दहेज की कुप्रथा पर रोक लग जाएगी। अभी तक लड़कियाँ व महिलाएँ धन के मामले में शादी से पहले पिता व भाई का मुँह देखने को मजबूर हैं। विवाह के बाद वे पति या पुत्र पर निर्भर हो जाती हैं। नौकरी या रोजगार न करने वाली महिलाएँ पैसे-धेले के लिए सारा जीवन पुरुषों पर निर्भर रहने को मजबूर हैं। इस आर्थिक निर्भरता के कारण उन्हें पग-पग पर

प्रताड़ित होना पड़ता है।

अन्त में मैं तुम्हें इतना ही कहना चाहूँगी कि दहेज जैसी कुरीति से लड़ने के लिए लड़कियों को सबसे पहले शिक्षा प्राप्त कर स्वयं को आर्थिक दृष्टि से आत्मनिर्भर बनाने की दिशा में काम करना चाहिए।

शुभाशीष,

तुम्हारी माँ

विष्णु प्रभाकर

विष्णु प्रभाकर का जन्म 20 जुलाई, 1912 को गाँव मीरापुर, जिला मुजफ्फरनगर, उत्तर प्रदेश में हुआ था। छोटी आयु में ही वे मुजफ्फरनगर से हिसार (हरियाणा) आ गये थे जो पहले पंजाब में था। गाँधी जी के जीवनादर्शों से प्रेम के कारण उनका रुझान कांग्रेस की तरफ हुआ तथा आजादी के दौर में बजते राजनीतिक बिगुल में उनकी लेखनी का भी अपना एक उद्देश्य बन गया था जो आजादी के लिए संघर्षरत थी। अपने लेखन के दौर में वे प्रेमचन्द, यशपाल, जैनेन्द्र, अज्ञेय जैसे महारथियों के सहयात्री रहे, किन्तु रचना के क्षेत्र में उनकी अपनी एक अलग पहचान बनी।

1931 में हिन्दी मिलाप में पहली कहानी दीवाली के दिन छपने के साथ ही उनके लेखन का जो सिलसिला शुरू हुआ, वह आठ दशकों तक निरन्तर सक्रिय रहा। नाथूराम शर्मा प्रेम के कहने से वे शरत चन्द्र की जीवनी 'आवारा मसीहा' लिखने के लिए प्रेरित हुए जिसके लिए वे शरत को जानने के लगभग सभी स्रोतों, जगहों तक गये, बांग्ला भी सीखी और जब यह जीवनी छपी तो साहित्य में विष्णु जी की धूम मच गयी। कहानी, उपन्यास, नाटक, एकांकी, संस्मरण, बाल साहित्य सभी विधाओं में प्रचुर साहित्य लिखने के बावजूद आवारा मसीहा उनकी पहचान का पर्याय बन गयी। बाद में 'अर्द्धनारीश्वर' पर उन्हें बेशक साहित्य अकादमी पुरस्कार मिला हो, किन्तु आवारा मसीहा ने साहित्य में उनका मुकाम अलग ही रखा।

प्रमुख कृतियाँ : उपन्यास—ढलती रात, स्वप्नमयी।

नाटक : हत्या के बाद, नव प्रभात, डॉक्टर, प्रकाश और परछाइयाँ, बारह एकांकी, अशोक।

कहानी संग्रह : संघर्ष के बाद।

उपन्यास : आवारा मसीहा, अर्धनारीश्वर, धरती अब भी घूम रही है, क्षमादान, दो मित्र, पाप का घड़ा, होरी, पंखहीन नाम से उनकी आत्मकथा तीन भागों में प्रकाशित हुई है।

उपलब्धियाँ : पद्म भूषण, अर्द्धनारीश्वर उपन्यास के लिए भारतीय ज्ञानपीठ का मूर्तिदेवी सम्मान, देश-विदेश में अनेकों सम्मान।

जहाँ आकाश नहीं दिखाई देता

मैं आकाश की ओर देखता हूँ। आश्चर्य, जो आज तक नहीं देख सका था वह इस क्षण दिखाई देता है। कलकत्ते के आकाश पर ऐसा कुछ छाया रहता है जिसे न कुहरा कह सकते हैं, न धुंध, न धुआँ और न शोर। असल में वह सब कुछ का मिश्रण है। निखालिस तो इस युग में विषय भी नहीं है। सब मिश्रण, मिश्रण और मिश्रण।...

सहसा एक धक्का लगता है। एक रेला मेरे अकेलेपन को कुचलता हुआ चारों ओर फैल जाता है और फिर मेरे पैर टिकाना कठिन हो जाता है। सचमुच यह कलकत्ता है जहाँ न आकाश दिखाई देता है और न धरती पर पैर पड़ते हैं। यह हावड़ा का विश्वविख्यात लौह पुल है और सन्ध्या घिर आयी है। नीचे गंगा है शिथिल, बदरंग, किसी बिफरी-धनी प्रौढ़ा-सी और ऊपर मानव की खरस्रोता भीड़ है, जो क्षुधा के विराट रूप की तरह सब कुछ को ग्रसने के लिए लपकी जा रही है और मैं तूफान में तिनके की तरह विवश, विभ्रांत उड़ा जा रहा हूँ।...

आदमी, आदमी और आदमी। सब अकेले जीविका की मृगतृष्णा के पीछे भागे जा रहे हैं जो, फैक्ट्रियों, दफ्तरों और दूकानों के बाबुओं और मज़दूरों से लेकर फुटपाथों, बाइलेनों के जेबकतरों और चोरबागान के साहूकारों से लेकर रामबागान की वेश्याओं तक के दलालों को परेशान किए हुए है। बसों पर बसें चली जा रही हैं। ट्रामें घड़घड़ाती; अग्निस्फुलिंग आकाश में उड़ाती निरन्तर दौड़ रही हैं। यहाँ सब कुछ दौड़ता है, बेतहाशा दौड़ता है। ताड़ाताड़ी आश्वी रे, ताड़ाताड़ी जा रे। मनुष्य की उतावली पदचाप, ट्राम की घड़घड़ाहट, बस के इंजन की फूत्कार, सबका यही अर्थ है—ताड़ाताड़ी, ताड़ाताड़ी, चरैवेति चरैवेति।...

यह कलकत्ता है। वही कलकत्ता जिसकी सड़कों पर भूख से तड़पकर लाखों व्यक्तियों ने प्राण दिये हैं, जिसके आकाश में कला और साहित्य के मानदण्ड स्थापित हुए हैं, जिसने प्रत्येक नये आन्दोलन को जन्म दिया है। यह आन्दोलनों का नगर है। युगों से प्रतिक्षण यहाँ एक न एक नया आन्दोलन उमड़ता आया है। समाज-सुधार का आन्दोलन, कला और संगीत का आन्दोलन, साहित्य और स्वाधीनता का आन्दोलन। भूख और भाषा का आन्दोलन और आन्दोलन के लिए आन्दोलन। 'भैंगे दाओ, जेते ही होवे'[1], 'हिन्दी साम्राज्य ध्वंस होवे।...'

यहाँ के भावुक लोग संगीन और संगीत की विद्या में एकसमान दक्ष हैं। जितनी सहजता से सितार के तारों से मादक संगीत पैदा कर सकते हैं, उतनी ही कुशलता से 303 की गोली को भी किसी के वक्ष से पार कर सकते हैं।...

दक्षिण कलकत्ता से ट्राम में बैठकर ठेठ उत्तर की ओर जा रहा हूँ। टन टनन टन घण्टी बजती है, स्टेशन आता है, गाड़ी रुकती है। सवारियाँ उतरती हैं और जोर-जोर से बोलती हैं और सड़क पर शाश्वत भीड़ उमड़ती है। सहसा पाता हूँ कि कहीं हलचल है। कुछ उत्तेजक शब्द गूँजते हैं। लाठियाँ उठती हैं (जिन पर झण्डे लगे हैं उन्हीं डण्डों का वे लाठियों के रूप में प्रयोग करते हैं) एक दूसरे को लोग चीख-चीखकर कोसते हैं। लाठियाँ टकराती हैं। एक व्यक्ति तेजी से भागता हुआ आता है और दूसरे के पैर को किसी धारदार वस्तु से चीर देता है। दोनों गुत्थमगुत्था होने की कोशिश करते हैं। तभी न जाने किस शून्य में से पुलिस वाले प्रकट हो जाते हैं। लाठियाँ ही लाठियाँ पड़ी रह जाती हैं। पुलिस बटोरकर उन्हें एक ओर रख देती है। ट्राम शोर मचाती बराबर आगे बढ़ती है।...

फिर सहसा उस शोर में हलचल मचती है। फिर कुछ लोग एक-दूसरे पर आक्रमण करते हैं। एक व्यक्ति बड़े-से पत्थर से दूसरे व्यक्ति के अँगूठे को कुचल देता है। लगता है तूफान उमड़ उठेगा। लेकिन फिर वही खेल खेला जाता है। चुपचाप खड़े हुए पुलिस के जवान फिर लाठियाँ छीनने आ जाते हैं। 'भैंगे दाओ', 'भैंगे दाओ' के स्वर उठते हैं और मैं पाता हूँ कि उनमें से कुछ लोग मेरी ट्राम में चढ़ आये हैं। एक का पैर चिरा हुआ है, दूसरे का अँगूठा कुचला हुआ है। लेकिन वे उसकी चिंता नहीं करते। हँसते हैं, नारे लगाते है। सहसा उनमें से एक मेरी ओर देखता है। मेरे कपड़े खद्दर के हैं। सिर पर गाँधी टोपी है। वह पूछता है, "तुम कांग्रेसी हो?"

"जी नहीं।"

"प्रजा-समाजवादी?"

"जी नहीं।"

"कम्युनिस्ट?"

"जी नहीं।"

वह झुँझलाकर चीखता है, "यह कैसे हो सकता है? तुम कांग्रेसी या कम्युनिस्ट या प्रजा-समाजवादी या हिन्दूसभाई, तुम कुछ न कुछ हुए बिना कैसे रह सकते हो?"

मैं बड़ी नम्रता से कहता हूँ, "मैं लेखक हूँ, मैं इन्सान हूँ।"

वह कहता है, "तो उससे क्या होता है? तुमको कुछ होना ही होगा। तुम झूठ बोल रहे हो?"

मैं घबराता हूँ। लेकिन तभी ट्राम रुक जाती है और वे लोग चीखते-तैरते, बाहर की भीड़ में समा जाते हैं। यह हंगामा, यह तर्क, मेरे मस्तिष्क में जैसे कलकत्ता का आकाश घुस आया है। मेरे सामने बैठे एक अधेड़ सज्जन मुस्करा

रहे हैं। कहते हैं, "डरो नहीं। आज विद्यार्थी वामपंथियों का साथ नहीं देंगे?"

मैं सप्रश्न उनकी ओर देखता हूँ। वे उसी विश्वास से कहते हैं, "चीन ने कम्युनिस्टों की रीढ़ तोड़ दी है। अब कलकत्ता में ट्राम और बसें नहीं जलेंगी।"

वे हँसते हैं। मैं उसी तरह उनकी ओर देखता रहता हूँ और ट्राम चलती रहती है। टन टनन टन। एस्प्लेनेड का मैदान जन समूह से भरा हुआ है। मेट्रो के आसपास गजब की भीड़ है और उन सबके बीच में मैं एक अजनबी हूँ। इस विशाल नगर के असंख्य अजनबियों के बीच मैं अपने को अत्यन्त असहाय पाता हूँ लेकिन यह असहाय अकेलापन, वक्ष में धुकधुकी पैदा करके भी अच्छा लगता है। मैं उतरकर भीड़ में घुस जाता हूँ। और फिर एकाएक कन्धे पर किसी के हाथ का दबाव पाकर चौंक पड़ता हूँ। कहीं कोई रास्ता बताने वाला तो नहीं है। कलकत्ते के लोग रास्ता बताने के लिए इतने उत्सुक रहते हैं कि अक्सर गलत रास्ता बता देते हैं। परन्तु उसी क्षण मुड़कर पाता हूँ कि वह तो अजनबी नहीं है। बहुत पुराना मित्र है। मुस्कुराकर कहता है, "तुम यहाँ कहाँ फँस गये? आओ, आओ।"

और उस भीड़ में से खींचता हुआ मुझे ग्राण्ड होटल के भीतर ले जाता है, "मैं यहाँ रिसेप्शनिस्ट हूँ। आओ, ऊपर बैठेंगे।"

जैसे अब तक जहन्नुम में था, अब जन्नत में जा पहुँचा हूँ। सब कुछ राजसी, ऐश्वर्य और विलासिता का प्रतीक। सब कुछ मूल्यवान, फर्नीचर, कालीन, लिफ्ट, बैरे और मोहक सुन्दरियाँ और इन सबको भोगने वाले देशी-विदेशी यात्री। मैं ऊपर चढ़ता चला जाता हूँ और सबसे ऊपर की मंजिल में एक सजे हुए कमरे की बालकनी से नीचे के जहन्नुम की ओर देखता हूँ। गति, गति और गति।... मनुष्य, मनुष्य और मनुष्य। बस के पहियों की कीलों पर भी कई-कई मनुष्य। झटका लगता है। कोई गिरता है और तैश में आकर मोटी-सी कोई गाली 'शाला', 'हरामजादा' बोलता हुआ भागा चला जाता है। केवल आना और जाना। और इसी आने-जाने के बीच से प्रेम प्रदर्शन से लेकर जेबकतराई तक, नेताओं के भाषणों से लेकर छुरेबाजी तक सभी कुछ होता है। 'आमार शोनार बांगला देश।' सोने का देश है यह बंगाल। कलकत्ता में सोना ही सोना है। इसीलिए भूख है, ईंधन है, धुआँ है, आन्दोलन है। वहीं एक ओर जीवन के मानदण्ड पनपते हैं। कला शान्ति का स्वर घोष करता है। दूसरी ओर सड़कों पर लाशें कुचली जाती हैं, जीवित लाशें, सुन्दरियों की लाशें।...

फुटपाथ पर दौड़ते हुए, सहसा कोई परिचित टकरा जाता है। "कमोन आछो।"[1]

"भालोइ तो, आपनि[2]...।" ...मैं दौड़कर बस में चढ़ना चाहता हूँ। 'नमिते दिन' की चिन्ता नहीं करता। पर इस तूफानी प्रवाह में मेरे पैर नहीं टिक पाते। लड़खड़ाता हूँ, टकराता हूँ और मेरे चारों ओर कोरस में आवाज़ें उठती हैं। 'देखछिस न केनो'[3] 'घायल क्यों किए दे रहे हैं आप?' मैं उनकी ओर देखता

हूँ। उनकी आँखों में अग्नि है। मैं डर जाता हूँ; और बस छोड़कर फुटपाथों पर दौड़ने लगता हूँ। दस-दस मील तक मनुष्यों के सैलाब में से गुजर जाता हूँ। कैसे अजीबोगरीब हैं कलकत्ता के ये फुटपाथ! न जाने किस अनन्त काल से असंख्य व्यक्ति इन फुटपाथों पर घर बनाकर रह रहे हैं। वहीं उकड़ूँ बैठकर खाना बनाते हैं, फिर टाँग पसारकर सो जाते हैं। व्यापार और विग्रह प्रेम और प्रसव, सब यहीं होता है। उनमें वे रिफ्यूजी हैं जो पूर्वी बंगाल से परेशान होकर आये हैं, और वे भी हैं जो जन्म से मृत्यु तक शाश्वत रिफ्यूजी रहते हैं। गाँव से सोने की तलाश में आने वाले हट्टे-कट्टे बिहारी, नाटे, साँवले उड़िया मूँछों पर ताव देते भैये। एक अद्‌भुत मिश्रण है यह बस्ती। मिश्रण नहीं, घोल है। अफीम का घोल। शरत् बाबू के इस नगर में अफीम बड़ी कारगर होती है।...

फिर भी भूख है कि आये जा रही है। अन्न की भूख, शरीर की भूख। अभी-अभी स्यालदाह के मानव-समुद्र से निकला हूँ। आचार्य जगदीशचन्द्र रोड को पार करके आचार्य प्रफुल्लचन्द्र रोड पर आ गया हूँ। सहसा मेरी दृष्टि एक औरत के चेहरे पर जा अटकती है। ऐसी शून्यता मैंने कहीं नहीं देखी। वह मेरे दिल को कचोटती है। न हँसी, न रुदन, न आनन्द, न उत्साह। नितान्त सपाट, तामचीनी के बर्तन से भरी हुई मूड़ी को वह तीव्र गति से चलने वाले यन्त्र की तरह मुँह में डाले जा रही है। पर मुँह नहीं चलता। मूड़ी अपने-आप हलक से उतर जाती है उसके आसपास कई व्यक्ति घिर आये हैं। ...आगे के शब्द उसकी ललचौंही गन्दी हँसी में खो जाते हैं। वह हँसी मेरे तन-बदन को जुगुप्सा से भर देती है। और मैं एक झटके के साथ अपने को तोड़कर आगे बढ़ जाना चाहता हूँ। स्त्री, स्त्री और स्त्री। होटलों पर नाचने वाली स्त्रियाँ, समय निश्चिन्त करने वाली स्त्रियाँ, फुटपाथों पर धक्के देने वाली स्त्रियाँ। स्त्रियों का एक समूह मेरे मस्तिष्क में घुस जाता है, और मुझे झिंझोड़ देता है। स्त्रियाँ तो वे भी हैं जो रोज बसों और ट्रामों में धीरे-धीरे उतरती हैं, जो विश्वविद्यालय के आसपास, मुख्य सड़क से हटकर स्ट्रीटों, लेनों और बाइलेनों में दिखाई देती हैं। सारा देश घूमा हूँ। ऐसी सादगी बहुत कम देखी है। न है प्रसाधन, न है शोखी, न चटक-मटक। सस्ती साड़ियाँ, चप्पलें, चाल में सौम्यता, दृष्टि में तरल आत्मीयता और चेहरे पर एक लुनाई।...

स्मृति के पन्ने हवा में फड़फड़ाते हैं। एक मित्र के साथ केले, नारियल और सुपारी के पेड़ों, पोखरों से घिरे गाँव के एक घर में आया हूँ। घर की बधू बाहर आकर प्रणाम करती है। न है संकोच, न है द्विविधा, है केवल शिष्टता। अपने प्रकोष्ठ में आदर से ले जाकर बिठाती है और पूछती है, खावा दावा होलो कि ना?...[1]

'न न, खा-पीकर आये हैं।'

'तबे कि, एक्खोन ब आश्चि।'

'न न...।'

मोहन राकेश

मोहन राकेश प्रसिद्ध नाटककार और कथाकार हैं। आधुनिक हिन्दी गद्य साहित्य के विकास में मोहन राकेश का विशेष योगदान रहा है। उनका जन्म अमृतसर (पंजाब) में सन् 1925 ई. को हुआ था। 1947 ई. में विभाजन के बाद वे जालंधर आकर बसे। कुछ वर्ष वे अध्यापक रहे और फिर पत्रकार। 1962-63 ई. में वे 'सारिका' के सम्पादक रहे। 1962 ई. से वे स्वतन्त्र लेखन द्वारा हिन्दी उपन्यास, कहानी, नाटक और निबन्ध साहित्य के विकास में अपना महत्त्वपूर्ण योगदान देते रहे। नाटक और कहानी के क्षेत्र में राकेश का योगदान इतिहास में वर्णित है। उनके यात्रा वर्णन 'आखिरी चट्टान तक' में संकलित हैं। 'अँधेरे बन्द कमरे', 'न आने वाला कल' उनके प्रसिद्ध उपन्यास हैं। 'आधे अधूरे', 'लहरों के राजहंस' तथा 'आषाढ़ का एक दिन' मोहन राकेश के प्रसिद्ध नाटक हैं। उन्हें लेखन के क्षेत्र में उच्च आसन पर प्रतिष्ठित करने का प्रथम श्रेय उनके नाटकों को दिया जाता है। उन्हें आधुनिक हिन्दी नाटकों का मसीहा कहा गया है। जीवनी विधा में भी राकेश जी ने नया कीर्तिमान स्थापित किया है। उनकी रचनाओं में आधुनिकतम चुनौतियों से पैदा होने वाले अन्तर्द्वन्द्वों और यन्त्रणाओं की सूक्ष्म अभिव्यक्ति हुई है। इनका कला साहित्य जीवन की निचली से निचली परत तक उघाड़ने में समर्थ है। कथ्य और शिल्प दोनों भूमिकाओं पर इनकी शैली कलागत ऊँचाइयों का आभास कराती है। उनका साहित्य बीसवीं सदी के उत्तरार्द्ध के जीवन और साहित्य का प्रामाणिक दस्तावेज है। मोहन राकेश जी के शब्दों में दोहराएँ तो—"लेखक का वास्तविक कमिटमेंट किसी विशेष विचारधारा से न होकर, अपने समय से और समय के जीवन से होता है।" इनका निधन सन् 1972 ई. को हुआ।

स्वामी दयानन्द

काठियावाड़ का एक छोटा-सा गाँव—टंकारा। इसी गाँव में एक सम्पन्न भूमिपति थे—अम्बाशंकर। वे धार्मिक व्यक्ति थे और पौराणिक रीतियों में बहुत विश्वास रखते थे। सारे विधि-विधानों का पालन बहुत नियमपूर्वक किया करते थे। उनके यहाँ एक बालक ने जन्म लिया जिसका नाम रखा गया मूलशंकर। पिता की कामना थी कि बालक की शिक्षा ऐसी हो जिससे बड़ा होकर वह घर की परम्परा बनाये रखे।

मूलशंकर चौदह वर्ष के थे तब पिता ने इनसे शिवरात्रि का व्रत रखने के लिए कहा। रात होने पर पिता पूजा-पाठ के लिए उन्हें गाँव के बाहर एक मन्दिर में ले गये। पूजा का क्रम लगभग आधी रात तक चलता रहा। उसके बाद भक्तों को नींद आने लगी। परन्तु मूलशंकर की आस्था गहरी थी, इसीलिए ये नहीं सोये। एकटक शिव-प्रतिमा को देखते रहे। सहसा उन्होंने देखा, एक चूहा बिल से निकलकर प्रतिमा को चढ़ाई गयी भोग की सामग्री खाने लगा। मूलशंकर का मन अशान्त हो उठा। उन्होंने पिता को जगाकर उनसे कई प्रश्न पूछे। कोई सन्तोषजनक उत्तर नहीं मिला। उस दिन उनके जीवन की दिशा बदल गयी। उन्होंने वास्तविक शिव को खोजने का संकल्प कर लिया।

कुछ समय बाद मूलशंकर की बहिन का देहान्त हो गया। बहिन से इन्हें बहुत स्नेह था, इसलिए इनके हृदय को बहुत चोट पहुँची। अभी यह चोट भरी नहीं थी कि चाचा की मृत्यु हो गयी। इनका मन घर से उचाट होने लगा। मन में तरह-तरह के प्रश्न जागने लगे—जीवन की वास्तविकता क्या है? सांसारिक स्नेह-सम्बन्धों का क्या अर्थ है? धर्म व्यक्ति को किस प्रकार निस्तार देता है? और धर्म का वास्तविक रूप क्या है? ये हर समय खोये-खोये रहते और जब-तब अपने प्रश्नों से घर के लोगों को निरुत्तर कर देते। घर के लोगों ने सोचा कि शायद विवाह कर देने से इनकी मनःस्थिति में कुछ अन्तर आ जाये। मूलशंकर ने इस स्थिति को टालने का प्रयत्न किया। परन्तु बस नहीं चला, तो किसी को सूचित किये बिना घर से निकल पड़े।

इधर-उधर घूमते हुए वे सिद्धपुर पहुँचे। सिद्धपुर में उन दिनों एक मेला चल रहा था, जिसमें दूर-दूर से साधु आये हुए थे। यह सोचकर कि शायद इसी मार्ग से शान्ति मिले, उन्होंने भी साधु का बाना स्वीकार कर लिया। रात-दिन साधुओं

के सत्संग में सम्मिलित होते, जीवन और मृत्यु का रहस्य जानने का प्रयत्न करते। परन्तु कुछ ही दिनों में उनके वहाँ होने की सूचना घर वालों को मिल गयी। पिता कई और सम्बन्धियों को साथ लेकर सिद्धपुर पहुँचे। उन्होंने क्रोध में आकर पुत्र का कमण्डल तोड़ डाला, उसके गेरुआ वस्त्र फाड़ दिये। घर लाकर उन्हें कड़ी निगरानी में रख दिया। परन्तु यह नियंत्रण अधिक दिन सफल नहीं रहा। मूलशंकर किसी तरह फिर घर से निकल गये। इस बार उन्होंने निश्चय कर लिया कि कुछ भी हो, अब वे लौटकर घर नहीं आएँगे।

अब उन्हें खोज थी एक गुरु की। चामोद कर्णाली पहुँचकर वे स्वामी पूर्णानन्द से मिले। उनसे संन्यास लेकर इन्होंने नया नाम अपना लिया—दयानन्द। उसके बाद भ्रमण करते हुए हरिद्वार चले गये। वहाँ कुम्भ-मेला चल रहा था। मेले में उन्होंने धर्म के नाम पर जो कुछ होते देखा, उससे उन्हें बहुत ग्लानि हुई। मन में संकल्प जागा—इन कुरीतियों को दूर करने के लिए उन्हें अवश्य प्रयत्न करना चाहिए। परन्तु इसके लिए भी किसी का मार्ग-प्रदर्शन चाहिए। उन्होंने सुन रखा था कि गढ़वाल में अलखनंदा के पार बहुत-से योगी रहते हैं। वे वहाँ पहुँचे, पर कोई ऐसा योगी नहीं मिला जो सचमुच उन्हें दिशा दिखा सकता। वहाँ से वे गढ़मुक्तेश्वर गये। वहाँ एक दिन इन्होंने नदी में बहते एक शव को निकाल लिया। उसकी चीर-फाड़ करके देखना चाहा कि योगियों द्वारा बताये गये चक्र तथा कुंडलिनियाँ आदि उसमें हैं या नहीं? परन्तु शव के अन्दर जो कुछ मिला, वह सर्वथा भिन्न था।

वे कानपुर गये। प्रयाग गये। काशी गये। पर कहीं भी उन्हें अपने मन के अनुकूल गुरु नहीं मिला। फिर पता चला कि मथुरा में दंडी स्वामी बिरजानंद नाम के नेत्रहीन ब्राह्मण रहते हैं जो सचमुच उनका पथ-प्रदर्शन कर सकते हैं। वे मथुरा चले गये। स्वामी बिरजानन्द से मिलकर उन्हें लगा कि सचमुच यही गुरु हैं, जिसकी उन्हें खोज थी। स्वामी बिरजानन्द संस्कृत व्याकरण के पंडित थे। वेदों की उन्होंने मौलिक व्याख्या की थी। वे बहुदेवोपासना, मूर्ति-पूजा आदि को वेदों के विरुद्ध बतलाते थे। वे स्वयं एक ऐसे शिष्य की खोज में थे जो उनके विचार जन-साधारण तक पहुँचा सके। दयानन्द ने उनके प्रश्नों के जो उत्तर दिये, उनसे प्रसन्न होकर उन्होंने तुरन्त उन्हें अपना शिष्य बनाना स्वीकार कर लिया।

यहाँ इनका संस्कृत व्याकरण तथा वैदिक साहित्य का अध्ययन आरम्भ हुआ। स्वामी बिरजानन्द जो एक बार पढ़ा देते, वह दूसरी बार नहीं पढ़ाते थे। दयानन्द की प्रतिभा इतनी विलक्षण थी कि इन्हें दोबारा पूछने की आवश्यकता ही नहीं पड़ती थी। कहते हैं कि एक बार का पाठ इतना कठिन था कि ये उसमें से कुछ अंश भूल गये। गुरु से यह बात कही, तो वे उस पाठ को दोहराने को तैयार हुए। ये निराश होकर यमुना के किनारे एक पेड़ के नीचे जा बैठे। एकाग्रचित होकर सोचने से थोड़ी देर में पाठ स्मरण हो आया। जाकर जब गुरु को वह पाठ

उन्होंने सुना दिया तो गुरु की प्रसन्नता की सीमा न रही।

दयानन्द स्वामी बिरजानन्द के पास रहकर ढाई वर्ष अध्ययन करते रहे। वेदों और शास्त्रों को समझने की एक नयी दृष्टि प्राप्त करने के अनन्तर विदा लेने का समय आया। दयानन्द सोचने लगे कि उन्हें गुरु दक्षिणा क्या देनी चाहिए? गुरु को लौंग बहुत पसन्द थे। दयानन्द जब कुछ लौंग लेकर उनके पास पहुँचे, तो गुरु ने कहा–"गुरु-दक्षिणा के रूप में मुझे ये लौंग नहीं, कुछ और चाहिए।"

दयानन्द बोले, "मेरा तन-मन आपकी सेवा में है। आप आदेश दीजिए।"

गुरु ने कहा, "चारों ओर अविद्या और अज्ञान का अन्धकार छाया है। रूढ़ियों और मत-मतान्तरों ने देश में घर कर रखा है। तुम देश में ज्ञान और विद्या का प्रकाश फैलाओ, मैं तुमसे यही गुरु-दक्षिणा चाहता हूँ।"

अब अपना स्पष्ट कार्य-क्षेत्र इनके सामने था। देश का मानसिक जीवन अन्धविश्वासों में खोखला हो रहा था। विदेशी राज्य-सत्ता ने सांस्कृतिक और नैतिक मूल्यों को लगभग तोड़ दिया था। लोग कायर थे और अपनी सुविधा ही उनका जीवन दर्शन था। कुरीतियाँ कितनी ही थीं–जाति-भेद, बाल-विवाह, विधवाओं के प्रति अमानुषिक व्यवहार; स्त्रियों को शिक्षा की अधिकारिणी ही नहीं समझा जाता था। जनता के अज्ञान का लाभ उठाकर ईसाई पादरी तत्परता से उसमें अपने धर्म का प्रचार कर रहे थे। स्वामी दयानन्द ने भी इन सभी परिस्थितियों से एक साथ लड़ने का निश्चय कर लिया। सोच लिया कि वे लिखकर, भाषण देकर तथा एक संगठन तैयार करके अपने समय की सामाजिक कुरीतियों से लोहा लेंगे। जब तक समाज में जागृति नहीं आएगी, वे साँस नहीं लेंगे।

पूरे देश में उन्होंने भ्रमण करना आरम्भ किया। आज यहाँ भाषण, कल वहाँ शास्त्रार्थ। आगरा, धौलपुर, ग्वालियर–जहाँ कहीं वे पहुँचे, जनता ने खुलकर उनका स्वागत किया। सदियों से अन्धविश्वासों में जकड़े लोगों को जैसे एक नयी चेतना मिलने लगी। उनकी वाणी में ही ऐसा प्रभाव था कि लोग अनायास उनके अनुयायी बन जाते। जो बातें वे कहते, वे समय की सच्ची अनुभूति थीं; क्योंकि वही अनुभूति लोगों के अन्दर भी थी, इसलिए उसके मुखर होकर सामने आने से उन्हें लगता जैसे उनके अपने ही मन की बात कोई दूसरा उनसे कह रहा हो। करौली, जयपुर–हर जगह एक-सी हलचल, एक-सी वैचारिक क्रान्ति। हर जगह पुराने पंडित-वर्ग की ओर से एक-सा विरोध। परन्तु उस विरोध को पराजित करती वही ओजभरी वाणी।

फिर आया हरिद्वार का कुंभ मेला। स्वामी दयानन्द ने वहाँ जाकर फिर वही दृश्य देखा। वही पंडों का पाखंड, साधुओं के आडम्बर। साधुओं के जलूस निकलते, तो हजारों स्त्रियाँ उनकी चरणधूलि सिर पर लगातीं। स्वामी दयानन्द से यह सब सहा नहीं गया। उन्होंने वहाँ अपनी 'पाखंड खंडिनी' पताका गाड़ दी

और लोगों को वास्तविक आर्य धर्म का उपदेश देने लगे। पंडों ने उन्हें वहाँ से उखाड़ने के बहुत प्रयत्न किये, परन्तु सफल नहीं हो सके।

स्वामी दयानन्द के सबल व्यक्तित्व तथा अकाट्य तर्कों के कारण जहाँ बहुत से लोग उनके शिष्य बन गये, वहाँ अनेक रूढ़िवादी उनके शत्रु भी हो गये। इन लोगों ने उन्हें मार्ग से हटाने के लिए सभी तरह के प्रयत्न किये। उन पर पत्थर बरसाये। यहाँ तक कि उन्हें विष भी देने का प्रयत्न किया। अनूपशहर में जब उन्हें विष दिया गया, तो उन्होंने यौगिक क्रिया द्वारा सारा विष बाहर निकाल दिया। विष देने के अपराध में जब उस ब्राह्मण को पकड़ लिया गया, तो स्वामी दयानन्द ने यह कहकर उसे मुक्त करा दिया, "मेरा ध्येय मनुष्यों को बन्धन में डालना नहीं, बन्धन से मुक्त कराना है।"

और वह बन्धन था सदियों में बनाये गये गलत संस्कारों का। उन्हें उन संस्कारों को बदलना था। लोगों को उस धर्म के निकट ले जाना था जो वास्तविक वैदिक-धर्म था, वास्तविक आर्य-धर्म था। इसके लिए आवश्यक था कि उनकी वाणी हर व्यक्ति तक पहुँच सके। पहले वे संस्कृत में भाषण दिया करते थे। परन्तु अपनी बात जन-साधारण तक पहुँचाने के लिए उन्होंने उन्हीं की भाषा में बात कहने का निश्चय किया। वे अपने भाषण हिन्दी में देने लगे।

एक बार स्वामी दयानन्द कर्णवास पहुँचे। उन दिनों वहाँ गंगा-स्नान का मेला था। हज़ारों लोग देश के विभिन्न भागों से वहाँ स्नान के लिए आये हुए थे। उनमें बरेली के राय कर्णसिंह भी थे। स्वामी दयानन्द ने वहाँ भाषण दिया। जैसे ही भाषण समाप्त हुआ, राय कर्णसिंह उनसे वाद-विवाद करने लगे। स्वामी दयानन्द ने कर्णसिंह से कुछ प्रश्न पूछे जिनका वह उत्तर नहीं दे पाये। अपनी असमर्थता पर उन्हें इतनी खीझ हुई कि वे इन पर गालियों की बौछार करने लगे। क्रोध में उनका हाथ बार-बार तलवार की मूठ पर जा रहा था। यह देख दयानन्द बोले, "यदि शास्त्रार्थ करना है, तो अपने गुरु को यहाँ बुला लाओ। यदि युद्ध करने का शौक है तो एक संन्यासी से क्यों टकराते हो, जयपुर और जोधपुर से जा भिड़ो।" यह सुनकर कर्णसिंह इन पर तलवार से वार करने दौड़े। वे वार करने ही जा रहे थे कि इन्होंने तलवार छीनकर उसके दो टुकड़े कर दिये और कहा, "मैं संन्यासी हूँ। तुम पर वार करके बदला नहीं लूँगा। जाओ, भगवान तुम्हें सुबुद्धि दे।"

यूँ तो स्वामी दयानन्द का कार्य-क्षेत्र सारा उत्तर भारत था, फिर भी इन्हें अधिक सफलता पंजाब, उत्तर प्रदेश और राजस्थान में मिली। लगभग अठारह वर्ष वे विभिन्न प्रदेशों में घूमकर अपने सिद्धान्तों का प्रचार करते रहे। एक तरह से कहा जा सकता है कि उन्होंने प्राचीन और नवीन के बीच एक कड़ी का काम किया। 10 अप्रैल, 1875 को बम्बई में उन्होंने आर्य समाज की स्थापना की। दो वर्ष बाद लाहौर में आर्य समाज की स्थापना की गयी। शीघ्र ही इसने एक व्यापक संगठन का रूप ले

लिया और उत्तर भारत के प्रायः सभी नगरों और कस्बों में आर्य समाज के अपने मन्दिर स्थापित हो गये। इनके शिष्यों की संख्या इतनी बढ़ गयी कि उन्होंने यह वैचारिक क्रान्ति शिक्षा के क्षेत्र में ले जाने का निर्णय कर लिया। शिक्षा के अतिरिक्त राजनीति को भी एक नयी दिशा देने का संकल्प कर लिया गया। इसी उद्देश्य से स्वामी श्रद्धानन्द ने 'गुरुकुल कांगड़ी' की स्थापना की।

सन् 1883। महाराजा जोधपुर ने स्वामी दयानन्द को अपने यहाँ निमन्त्रित किया था। वहाँ कई दिनों तक वे महाराजा के अतिथि के रूप में नियमित रूप से जनता को उपदेश देते रहे। वहाँ रहते इन्हें पता चला कि महाराजा एक वेश्या से प्रेम करते हैं। इन्होंने इस बात की भर्त्सना की, तो वह वेश्या इनकी शत्रु बन गयी। रसोइये से मिलकर उसने इन्हें भोजन में विष खिला दिया। विष के प्रभाव से इनके सारे शरीर पर फफोले निकल आये। चिकित्सा का अच्छे-से-अच्छा प्रबन्ध किया गया, परन्तु कोई लाभ नहीं हुआ। सन् 1883 की दीवाली का दिन था। स्वामी दयानन्द गायत्री मंत्र का उच्चारण करते-करते एकाएक मौन हो गये।

कुछ ही व्यक्ति होते हैं जिनकी मृत्यु उनके जीवन से अधिक क्रान्तिकारी सिद्ध होती है। स्वामी दयानन्द ऐसे ही व्यक्तियों में से थे। उनकी मृत्यु के कुछ ही वर्षों के अन्दर आर्य समाज ने एक अत्यन्त सबल आन्दोलन का रूप ले लिया। शिक्षा के क्षेत्र में तो इनके अनुयायियों ने सचमुच एक क्रान्ति ला दी। स्वामी दयानन्द को एक तरह से उत्तर भारत में आधुनिक विचारधारा का प्रवर्तक कहा जा सकता है। सामाजिक, सांस्कृतिक, राजनीतिक तथा धार्मिक क्षेत्रों में उन्होंने जो स्थापनाएँ सामने रखीं, उन्हीं के आधार पर समाज का मानसिक पुनर्गठन सम्भव हो सका। जब कांग्रेस का जन्म भी नहीं हुआ था, तभी उन्होंने कहा था कि स्वराज्य के बिना कोई राष्ट्र उन्नति नहीं कर सकता। भाषा के सम्बन्ध में उन्होंने कहा था कि अंग्रेजी हमारे संस्कारों की भाषा नहीं है, संस्कृत जनसाधारण से दूर जा पड़ती है, इसलिए हिन्दी ही सम्पूर्ण राष्ट्र की भाषा हो सकती है। गाँधीजी के हरिजन-आन्दोलन से बहुत पहले उन्होंने कहा था कि अस्पृश्यता हमारे समाज के लिए घातक है। वर्ण-व्यवस्था को स्वीकार करते हुए भी उसका आधार जन्म को नहीं, कर्म को माना था। कहा, "जन्म से सब बराबर हैं। अपने कर्म से ही व्यक्ति ब्राह्मण, क्षत्रिय, वैश्य या शूद्र बनता है।" इसी तरह स्त्री शिक्षा का सूत्रपात तथा विधवा-विवाह का समर्थन करके उन्होंने एक पिछड़े समाज को अग्रगामी बनाने में बहुत बड़ा योग दिया। विश्व कवि रवीन्द्रनाथ ने इन शब्दों में उनके प्रति श्रद्धांजलि अर्पित की थी, "जिसकी दिव्य दृष्टि ने भारत की आत्मगाथा में सत्य और एकता का बीज देखा, जिसकी प्रतिमा ने भारतीय जीवन के विविध अंगों को प्रदीप्त कर दिया, जिसका उद्देश्य इस देश को अविद्या, अकर्मण्यता और प्राचीन ऐतिहासिक तत्त्व-विषयक अज्ञान से मुक्त कर सत्य और पवित्रता के लोक में लाना था, उस गुरु को मेरा बारम्बार प्रणाम है!"

निर्मल वर्मा

3 मई, 1929 को शिमला में जन्मे निर्मल वर्मा को मूर्तिदेवी पुरस्कार (1995), साहित्य अकादमी पुरस्कार (1985), उत्तर प्रदेश हिन्दी संस्थान पुरस्कार और ज्ञानपीठ पुरस्कार से सम्मानित किया जा चुका है। परिन्दे (1958) से प्रसिद्धि पाने वाले निर्मल वर्मा की कहानियाँ अभिव्यक्ति और शिल्प की दृष्टि से बेजोड़ समझी जाती हैं।

ब्रिटिश भारत सरकार के रक्षा विभाग में एक उच्च पदाधिकारी श्री नन्द कुमार वर्मा के घर जन्म लेने वाले आठ भाई बहनों में से पाँचवें निर्मल वर्मा की संवेदनात्मक बुनावट पर हिमाचल की पहाड़ी छायाएँ दूर तक पहचानी जा सकती हैं।

दिल्ली के सेंट स्टीवेंसन कॉलेज से इतिहास में एम.ए. करने के बाद कुछ दिनों तक उन्होंने अध्यापन किया। 1959 से प्राग (चेकोस्लोवाकिया) के प्राच्य विद्या संस्थान से सात वर्ष तक रहे। उसके बाद लन्दन में रहते हुए टाइम्स ऑफ इंडिया के लिए सांस्कृतिक रिपोर्टिंग की। 1972 में स्वदेश लौटे। 1977 में आयोवा विश्वविद्यालय (अमरीका) के इंटरनेशनल राइटर्स प्रोग्राम में हिस्सेदारी की। उनकी कहानी माया दर्पण पर फिल्म बनी जिसे 1973 का सर्वश्रेष्ठ हिन्दी फिल्म का पुरस्कार प्राप्त हुआ।

वे इंडियन इंस्टीट्यूट ऑफ़ एडवांस स्टडीज (शिमला) के फेलो (1973), निराला सृजनपीठ भोपाल (1981-83) और यशपाल सृजनपीठ (शिमला) के अध्यक्ष रहे (1989)।

1988 में इंग्लैंड के प्रकाशक रीडर्स इंटरनेशनल द्वारा उनकी कहानियों का संग्रह 'द वर्ल्ड एल्सव्हेयर' प्रकाशित। इसी समय बीबीसी द्वारा उनपर डाक्यूमेंट्री फिल्म प्रसारित।

प्रमुख कृतियाँ

उपन्यास : अन्तिम अरण्य, रात का रिपोर्टर, एक चिथड़ा सुख, लाल टीन की छत, वे दिन।

कहानी संग्रह : परिन्दे, कौवे और काला पानी, सूखा तथा अन्य कहानियाँ,

बीच बहस में, जलती झाड़ी, पिछली गर्मियों में।

संस्मरण यात्रा वृत्तान्त : धुन्ध से उठती धुन, चीड़ों पर चाँदनी।

नाटक : तीन एकान्त।

निबन्ध : भारत और यूरोप, प्रतिभूति के क्षेत्र, शताब्दी के ढलते वर्षों से, कला का जोखिम, शब्द और स्मृति, ढलान से उतरते हुए।

निधन : 25 अक्तूबर, 2005।

चीड़ों पर चाँदनी

"इन पहाड़ों के पीछे न जाने क्या होगा?" जब हम छोटे थे, तो अपने घर के बरामदे में खड़े होकर अक्सर एक-दूसरे से यह प्रश्न पूछा करते थे। उन दिनों छुट्टी लेकर पहाड़ों पर जाने की ज़रूरत महसूस नहीं होती थी—वे हमेशा हमारे संग थे, हमारे खेलों में, हमारे सपनों में। तब पहाड़ों की शक्ल, उनकी भाव-भंगिमा बिलकुल अलग, दूसरे किस्म की थी, जैसे माँ की शक्ल जो बच्चों की आँखों में होती है, वह दूसरों के लिए नहीं होती। उसकी पहचान ही अलग होती है।

शिमले का वह घर बरसों पहले छूट चुका है, उसके बाद न जाने कितने छोटे-बड़े हिल-स्टेशनों के होटलों में रहना पड़ा है, किन्तु आज भी जब किसी अकेली, निर्जन पगडंडी पर चढ़ता हुआ घास के किसी अनजाने द्वीप पर साँस लेने ठिठक जाता हूँ, तो आँखें असीम विस्मय से भर उठती हैं। पहाड़ों की अलंघ्य, अभेद्य ऊँचाइयों की तरह इस प्रश्न की रहस्यमयता आज भी वैसी ही बनी है, जैसी कभी बरसों पहले बचपन में थी।

टॉमस-मान का 'मैजिक-माउण्टेन' बहुत बाद में पढ़ा, किन्तु जब पढ़ा तो लगा जैसे इसे बहुत पहले कहीं पढ़ा था। स्विट्ज़रलैंड की पहाड़ी चोटियाँ शिमले से अलग हैं—वहाँ कभी नहीं गये, उन्हें कभी नहीं देखा, किन्तु जिस 'मैजिक-माउंटेन' की बर्फ़ीली गुफाओं में खोकर हैंस-कैस्ट्रप ने विराट् सत्य की उपलब्धि की थी, उसकी क्षणिक, उड़ती हुई अनुभूति कितनी बार बचपन में हुई है, क्या उसका लेखा-जोखा करना आज सम्भव है?

रात को सोते समय आकाश साफ़ होता था। दिसम्बर के निविड़, गहन अन्धकार में दूर की पहाड़ियाँ ड्राइंग-पेपर पर धूमिल रेखा-चित्र-सी स्तब्ध, निश्चल दीखती थीं—इतनी महीन, इतनी म्लान, कि लगता था जैसे अँधेरे पर हाथ फेरते ही सबकुछ मिट जाएगा। आकाश कुछ नीचे सरक आता था, धरती को छूता-सा, और धरती अपना ओर-छोर समेटकर घुटनों पर झुक आती थी, जैसे पहाड़ियों के आगे गुमसुम प्रार्थना कर रही हो। हम बच्चे थे, इस तरह के अजीब अद्भुत चित्रों को आँखों में बसाकर लिहाफ में ठिठुरते हुए सो जाते थे।

सुबह कमरे की खिड़की से बाहर झाँकते ही क्षण-भर के लिए दिल की

धड़कन रुक जाती थी। मैं पलँग से उतरकर काँपते हाथों से सोते हुए भाई-बहनों को जगाने लगता था।

कुछ ही मिनिटों में हम कम्बल ओढ़कर खुली खिड़की के सामने बैठे दिखाई देते थे। कल रात सोते समय जो अँधेरी, भूरी पहाड़ियाँ देखी थीं, वे कहाँ हैं? स्कूल जानेवाली हमारी 'शार्टकट' पगडंडी, हमारा खूबानी का पेड़, डाकखाने के नीचे पानी का बम्बा, सब कहाँ हैं? बर्फ़ का एक सफ़ेद-सा परदा खिंच आया है, जिसमें गढ़े, नालियाँ, परिचित पगडण्डियाँ, मकानों की छतें, सब छिप गयी हैं—या छिपी नहीं हैं, महज़ एक सफ़ेद 'मास्क' पहनकर उभर आयी हैं और हम इन्हें पहली बार नयी आँखों से देख रहे हैं।

क्या यह शिमला है—हमारा अपना शहर—या हम भूल से कहीं और चले आये हैं? हम नहीं जानते कि पिछली रात जब हम बेखबर सो रहे थे, बर्फ़ चुपचाप गिरती रही थी।

खिड़की के सामने पुराना, चिर-परिचित देवदार का वृक्ष था, जिसकी नंगी शाखों पर रुई के मोटे-मोटे गालों-सी बर्फ़ चिपक गयी थी। लगता था, जैसे वह 'सान्ता-क्लॉज़' हो, एक रात में ही जिसके बाल सन-से सफ़ेद हो गये हैं। टेलिग्राफ़ के तार बर्फ़ की परतों में लिपटकर मोटी सफ़ेद रस्सियों की तरह आकाश में खिंच आये थे—हर कुछ क्षणों बाद इन रस्सियों पर बर्फ़ के 'आइसिकल' फ़र में लिपटी सफ़ेद गिलहरियों-से नीचे लटक आते थे।

कुछ देर बाद धूप निकल आती है—नीले चमचमाते आकाश के नीचे बर्फ़ से ढँकी पहाड़ियाँ धूप सेंकने के लिए अपना चेहरा बादलों के बाहर निकाल लेती हैं—चेहरा जो बर्फ़ का 'मोज़ायक' है—पहाड़ियों के ऊँचे-नीचे 'पोर्टल्ज़' पर टिका हुआ—जिस पर रंग-बिरंगे पत्थरों-से विशाल हिमखंड चमक रहे हैं। दिन-भर इन चोटियों पर पीले या सलेटी रंग के बादलों का मेला लगा रहता है—'पाउडर-पफ़'-सा हर बादल हवा में तिरता हुआ अपने सुनहले पंखों से बर्फ के इस 'मोज़ायक' को पोंछ जाता है। बर्फ़ और बादलों का यह चिरन्तन खेल नारकण्डा, डलहौजी, शिमला—हर जगह देखा है, किन्तु गुलमर्ग की उस चाँदनी रात में जो भूले-से अचानक देखा था, वह आज भी नहीं भूल पाया हूँ।

शुरू अप्रैल के दिन थे। हवा में चाक़ू की पैनी धार-सा तीखापन था। टूरिस्टों का ताँता अभी आरम्भ नहीं हुआ था और जिस कमरे में मैं ठहरा था, उसके अलावा होटल के सब कमरे खाली पड़े थे। आधी रात अचानक हवा का वेग तेज़ हो गया। मैं दरवाज़ा बन्द करने उठा हूँगा—लेकिन आँख खुलते ही मेरे भीतर एकाएक सबकुछ शान्त, निस्पन्द-सा हो आया था। चारों ओर एक घना-सा सन्नाटा घिर आया था—कभी-कभी खाली कमरों के दरवाज़े, खिड़कियाँ, हवा के झोंकों से खड़खड़ा उठते थे और फिर सबकुछ, छोटी-बड़ी, जानी-अनजानी आवाज़ें

एक अथाह शान्ति में डूब जाती थीं।

कमरे में हल्की, फीकी-सी चाँदनी बिखर आयी थी। खिड़की के पार बीच के तरल अँधेरे को लाँघती हुई खिलनमर्ग की हिमाच्छादित चोटियों पर जा टिकी। चाँदनी के छुई-मुई-से झिलमिलाते कण ऊपर से नीचे तक बर्फ़ पर फिसल रहे थे। सबकुछ एक-दूसरे में चुपचाप सिमट आया था। लगता था, जैसे संगमरमर के सफ़ेद चूरे की हल्की-हल्की बारिश हो रही हो। एक पीला उजला-सा आलोक होटल के बाहर पोलोग्राण्उड की घास पर फैलता हुआ हवा में बार-बार काँप उठता था। बादल, बर्फ़, चाँदनी...तीनों के अलग-अलग रंग थे, अलग-अलग लय थी। उस क्षण मुझे लगा मानो किसी मायावी संगीत के चमकीले सुरों ने समस्त वन्य-स्थल को अपने स्वप्निल, निस्पन्द पंखों के भीतर समेट लिया हो—लगा था जैसे चाँदनी के रेशमी डोरों से खिंचती हुई खिलनमर्ग की बर्फीली पहाड़ियाँ होटल के कमरे के पास तक सरक आयी हों और खिड़की के बाहर हाथ फैलाते ही मैं उन्हें छू लूँगा।

पहाड़ों पर चाँदनी का यह अद्‌भुत माया-जाल मैंने पहली बार देखा था और एक अलौकिक विस्मय में मेरी आँखें अनायास मुँद गयी थीं। उस रात मुझे लगा था कि पहाड़ों में भी साँप की आँख-जैसा एक अविस्मृत, जादुई सम्मोहन होता है...एक भुतैला-सा सौन्दर्य, जो एक साथ हमें आतंकित और आकर्षित करता है, जिसके मोह-पाश में बँधना उतना ही यातनामय है, जितना उससे मुक्त होना।

जाखू की पहाड़ी से सटा साढ़े सात सौ फ़ीट की ऊँचाई पर हमारा स्कूल था। हर शाम बस्ता झुलाते हुए हम पहाड़ी छायाओं के संग नीचे उतरा करते थे। आज हम बहुत नीचे उतर आये हैं, बचपन की वह बुलन्दी न जाने कहाँ पीछे छूट गयी है। उस शाम नौकुछिया से भीमताल आते हुए उस एकाकी निर्जन रास्ते पर अचानक उन पुरानी चिर-परिचित छायाओं से भेंट हो गयी और मैं मन्त्रमुग्ध-सा खड़ा रहा। ढलती शाम की फीकी सुनहली आभा भूरी पहाड़ियों की ऊँची-नीची रेखाओं पर उतर आयी थी। उनके पीछे किन्तु उनसे सटी हुई एक अन्य पर्वत-शृंखला अधखुले पंखे-सी ऊपर जाकर टेढ़ी-सी हो गयी थी मानो कोई भीमकाय वनैला जन्तु अपनी गरदन उठाकर आकाश निहार रहा हो। दो पहाड़ियों के बीच गाँव की सलेटी छतें ताश के पत्ते-सी बिखरी थीं, जिन पर हलके बैंगनी रंग के गुब्बारे उड़ रहे थे। ये गुब्बारे पहली दृष्टि में बादल लगते हैं, किन्तु एकटक देखने से लगता है मानो उनके भीतर से मैली रेत के धुँधले किन्तु तीखी रेखाओं से युक्त पिरामिड उभरने लगे हैं...नीले पिरामिड! आकाश, बादल और हवा से मिलकर ये पिरामिड चित्रित हुए हैं...शाम की धूमिल छायाओं ने इन्हें जन्म दिया है।

ये पहाड़ी छायाएँ एक-सी हैं, किन्तु हर जगह इनके पल-छिन बदलते रंगों

को देखा है। जाखू की पहाड़ियों पर स्कूल के कमरे की खिड़की से बाहर इन्हें धीरे-धीरे धूप के संग उतरते देखा है। बहुत बरसों बाद कोटगढ़ के सेब के बगीचों में लेटे हुए पेड़ों की सरसराती टहनियों पर, रानीखेत में चीड़ की सुईनुमा, नुकीली पत्तियों की जाली से इन्हें चुपचाप छनते, झरते देखा है।

और तब रात झुक आती है...पहाड़ों पर अँधेरा एकदम नहीं आता, एकदम आकर चौंकता नहीं—न वह उजाले को धकेलकर उसकी जगह लेता है, बल्कि दिन का उजाला खुद-ब-खुद धीरे-धीरे अँधेरे में सिमट जाता है। इसलिए पहाड़ी धूप कभी मरती नहीं, सिर्फ़ अपना रंग बदल लेती है।

कालका और शिमला के बीच एक वीरान उपेक्षित हिल-स्टेशन है—सोलन। अँगरेज़ों के ज़माने की कुछ कोठियाँ और बँगले यत्र-तत्र मिल जाते हैं—ख़ाली और उजाड़, जिनके आगे टु-लेट की टूटी-फूटी तख्तियाँ झूलती रहती हैं।

वहाँ पहाड़ियाँ खामोश रहती हैं...शाम की उनींदी उदासी में केवल पहाड़ी चरवाहों का गीतस्वर हवा में उड़ता-भटकता सुनाई दे जाता है। मोटर-रोड से ज़रा नीचे बित्ते-भर का चौकोर खोखल है—चारों ओर चीड़ के घने झुरमुटों में घिरा हुआ।

यह खोखल बहुत ख़ामोश है। सफ़ेद पत्थरों पर काई जम गयी है, अक्षर मिट गये हैं। चिरन्तन मौन के दायरे में पत्थर सोये हैं, बरसों से सो रहे हैं... हवा में पत्ते काँपते हैं, और चुपचाप झर जाते हैं। पत्तों के पीले ढेर में पत्थर दब-से गये हैं।

इन पत्थरों पर जो नाम लिखे हैं, उन्हें अनेक बार पढ़ा है—हर बार नाम नये लगते हैं, हर बार उन्हें पढ़कर भूल जाता हूँ। मेरे लिए उनका कोई अर्थ नहीं है, उनके लिए भी मेरा कोई अर्थ नहीं है, किन्तु फिर भी मैं हर शाम यहाँ आता हूँ। इनके ज़रा ऊपर घास का छोटा-सा ढलुआ टुकड़ा है—उठी हुई हथेली-सा। मैं हर शाम घास की इस हरी हथेली पर बैठा हुआ इन ख़ामोश पत्थरों को देखता हूँ, जो पत्थर नहीं हैं, किन्तु पत्थरों से अलहदा नहीं हैं। मेरे पैरों के नीचे गीली मिट्टी है, काई-कीचड़ में लिथड़े फूल हैं, रंग-बिरंगी तितलियाँ हैं, जो एक क्रॉस से उड़कर दूसरे क्रॉस पर बैठ जाती हैं। हवा में एक तेज़-तीखी खुशबू-सी फैलने लगती है, यह फूलों की नहीं, पत्थरों की खुशबू है, यह गन्ध सड़ते हुए पत्तों की खुशबू से मिलती है, उस गन्ध से मिलती है जो किसी पुरानी पेण्टिंग के उखड़े, बासी रंगों से आती है। लगता है जैसे पेड़ों की छायाओं के संग पत्थरों का यह मंच धीरे-धीरे हिल रहा हो, पीछे पहाड़ियों के एम्फीथिएटर में किसी के पैरों की थाप झाड़ियों के बीच सरसराती-सी सुनाई दे जाती है और उसकी गूँज चारों दिशाओं को खटखटाकर पहाड़ी हवा में गुम हो जाती है...

इज़ देअर एनीबॉडी देअर? सेड द ट्रैवेलर

नॉकिंग ऑन द मूनलिट डोर

यह अजीब-सा यात्री कौन है, जिसकी पदचाप हमेशा पहाड़ों में सुनाई दे जाती है—चाँदनी, पहाड़ी हवा या मृत्यु?

और तब अचानक ध्यान भटक जाता है। बरसों पहले की एक शाम स्मृति-पट पर झलक जाती है...

नौ हज़ार फ़ीट की ऊँचाई पर नारकण्डे का डाक-बँगला एक नन्हे घोंसले-सा पहाड़ की चोटी पर टिका है। अभी बस से उतरा हूँ और बरामदे में बैठकर कॉफ़ी पी है। डाक-बँगले के ज़रा नीचे बसों के अड्डे के पास किसी पहाड़ी देवता का मन्दिर है। मन्दिर के चारों ओर लाल, नीले, हरे रंग के चीथड़े टँगे हैं, जो दिन-रात हवा में फरफराते रहते हैं। डाक-बँगले के चौकीदार ने मुझे बताया कि हर यात्री किसी पुरानी प्रथा के अनुसार अपना कोई कपड़ा मन्दिर को भेंट कर जाता है। इन्हीं कपड़ों को मन्दिर की दीवारों के चारों ओर लटका दिया जाता है।

किन्तु कुछ ही देर में हवा में फड़फड़ाते इन चीथड़ों को अँधेरे ने निगल लिया। मोटर-रोड के दायीं ओर 'प्रीस्ट-हाउस' की ढलुआँ छत के ऊपर हँसिया चाँद उग आया है, किन्तु दूर पहाड़ियों पर धूप अभी तक रेंग रही है। एक क्षण के लिए पता नहीं चलता कि नौ हज़ार फीट की ऊँचाई पर जो पीला आलोक सिमट आया है, वह मिटते सूरज की रश्मि-रेखा है या उगते चाँद की हलद आभा? पश्चिमी आकाश में कुहरे के ऊपर अँधेरा अलग था, बादल अलग थे और दोनों के बीच सिन्दूरी रंग की लम्बी विशालकाय व्हेल मछली-सी रेखा खिंच आयी थी। किन्तु कुछ ही क्षणों में यह मछली हवा में घुल गयी, एक नीली धुन्ध की झीनी-सी चादर पहाड़ियों पर बिछल आयी है। लगता है, जैसे रात ऊपर से नीचे नहीं बल्कि नीचे घाटियों की अतल गहराइयों से निकलती हुई ऊपर आकाश की ओर आ रही है। धुन्ध के छोटे-छोटे रेले धूप और चाँदनी दोनों को ही अपने में समो लेते हैं, डाक-बँगले के लम्बे कौरीडोर का दूसरा सिरा दिखाई नहीं देता। नीली-सलेटी परतों में लिपटी यह धुन्ध इतनी सघन और ठोस है कि उसे चाकू से तराशा जा सकता है। मेरी सारी देह किसी अदृश्य धुएँ की अनन्त तहों में दबी रह गयी है। मुझे लगता है, मानो बरामदे की कुरसी पर मैं नहीं बैठा हूँ, केवल मेरा ओवरकोट धुन्ध की नीली दीवार पर टँगा रह गया है।

नारकंडे की वह रात आज डलहौज़ी की सुनसान सड़कों पर भटकते हुए सहसा आँखों के सामने घूम जाती है। लगता है जैसे बरसों पहले की धुन्ध नारकण्डे के डाक-बँगले से निकलकर बीते समय की अतल, अँधेरी घाटियों को पार करती हुई मेरे होटल के आगे ठिठक गयी हो। होटल से बहुत दूर नीचे कैण्ट की धुँधआती बत्तियों के आर-पार सितम्बर के बादल उड़ते रहते हैं—हर लैम्प-पोस्ट के इर्द-गिर्द चमकीली धुन्ध का दायरा जमा हो जाता है, मानो आलोक-मंडल से आवृत कोई

देवदूत पृथ्वी पर आ खड़ा हो।

किन्तु रात की यह धुन्ध हमेशा ही नहीं रहती—पहाड़ों पर भी सुबह होती है।

भीमताल...हमारे मकान के पिछवाड़े पहाड़ी पर धूप धीरे-धीरे नीचे उतरती है। दूध-सी धवल, कोमल किरणों के शुभ्र आँचल में ओस में भीगी घास, पत्थर, जंगली फूल झिलमिलाते हैं। कुछ ही देर में ये किरणें हमारे मकान की लाल टीन की छत छू लेंगी और नीचे झील के पानी में उतर जाएँगी।

मन्दिर के घेरे से ज़रा दूर झील के पश्चिमी कोने में छोटा-सा टापू है। उसके बीचोबीच पेड़ों का हरा-पीला झुरमुट है, जिनकी मटियाली छायाएँ दिन-भर झील के पानी में तिरती रहती हैं। किनारे पर तीन-चार नौकाएँ खड़ी रहती हैं, पर्यटकों को द्वीप तक ले जाती हैं और फिर उन्हें वापस किनारे पर पहुँचा देती हैं।

टापू पर पके गूलर गिरते हैं...टप, टप...पानी भागता है, किसी अदृश्य निधि की खोज में। ऊर्मियाँ सतह पर उठती हैं, दौड़ती हैं, छोटे-छोटे बूँदों-सी झील के साँवले गालों पर झूलती हैं और फिर गुम हो जाती हैं।

हमारे मकान के नीचे दलदल है। कुछ दिन पहले यहाँ झील का जल था, जिसे अब हलद्वानी और अन्य निकटवर्ती स्थानों के लिए, जहाँ जल की कमी है, खींच लिया गया है। जब हम यहाँ आये थे, तब दलदल गीली थी, पाँव रखते ही नीचे धँस जाती थी। हम घुटनों तक नीचे कीचड़ में फिसलते जाते थे। किन्तु अब पिछले दो-तीन दिनों से कीचड़ का पानी सूख गया है। अब यहाँ बड़े-बड़े चौकोर केक-से काली मिट्टी के टुकड़े उभर आये हैं...जहाँ-तहाँ गाय, भैंसों, बकरियों के खुरों के निशान दिखाई दे जाते हैं।

सामने छोटे-से बाज़ार के आगे बसों का अड्डा है—भुवाली, नैनीताल नौकुछिया, काठगोदाम को जाती हुई बसों का सोया-सा हॉर्न झील पार करता हुआ हम तक पहुँच जाता है। हम जान गये हैं कि किस समय अमुक बस कहाँ जा रही है।

सुबह, दोपहर, शाम के पल-छिन बदलते रंगों के संग झील अपना आवरण उतारती है, निरावृत होकर स्तब्ध भाव से चारों ओर झाँकती है और फिर सबकी आँख बचाकर धीरे-से चुपचाप नया रंग ओढ़ लेती है। दोपहर की उनीदीं घड़ी में आस-पास का ताम्रवर्णी जल ठहर-सा जाता है—केवल बीच में एक लम्बी शहतीर-सी चमचमाते पारे की लहर ताल को दो उजली फाँकों में काटती हुई दूर तक फिसलती जाती है।

झील के कितने चेहरे हैं—या चेहरा एक ही है, केवल भंगिमाएँ बदलती हैं। धूप ने जाल डाला है, चमकीले मुलायम मछलियों-सी लहरें जाल के तन्तुओं से खेलती हैं, फँसती हैं और फिसल जाती हैं।

पूरी रात होने के कुछ क्षण पूर्व...झील के दो चेहरे हो जाते हैं—एक हँसता

हुआ, दूसरा सोया-सा। पानी बँट जाता है, आधा जल गहरा हरा, कहीं-कहीं श्यामल—आधा सफ़ेद, जैसे किसी ने चूने का चिट्टा चूरा पानी में घोल दिया हो। अँधेरा बढ़ते-बढ़ते यह सफ़ेदी धीरे-धीरे झील के श्यामल हिस्से को अपने में ढाँप लेती है। झील का रंग आकाश के रंग से मिल जाता है—मानो आस-पास की पहाड़ियों के बीच आकाश का ही एक टुकड़ा तारों समेत नीचे आकर औंधा पड़ गया है।

शाम की फैलती छायाओं में भीमताल का द्वीप डूब जाता है, केवल पेड़ों के झुरमुट का एक धब्बा झील और आकाश की सफ़ेदी पर स्तब्ध-सा खिंचा रहता है।

रात की घनी नीरवता में सबकुछ धीमे-धीमे सिमट जाता है। लहरें शान्त हो जाती हैं। आख़िरी बस बाज़ार के आगे कोने में ठहर जाती है।

दूर टापू में गूलरों के गिरने का स्वर सोते-सोते भी सुनाई दे जाता है—टप, टप, टप...

पद्मा सचदेव

जन्म : पुरामंडल गाँव जम्मू में सन् 1940 में।

कार्यक्षेत्र : जम्मू और कश्मीर रेडियो में स्टाफ कलाकार के पद पर कार्य किया एवं बाद में दिल्ली रेडियो में डोगरी समाचार वाचक के पद पर कार्य किया।

डोगरी भाषा की प्रख्यात लेखिका एवं कवयित्री पद्मा सचदेव को इतिहास प्रेम विरासत में मिला है। उनके पिता प्रो. जयदेव शर्मा हिन्दी व संस्कृत के प्रकांड पंडित थे। पहले उन्होंने कवयित्री के रूप में ख्याति प्राप्त की। लोकगीतों से प्रभावित होकर इन्होंने 'मेरी कविता मेरे गीत' लिखे। इस काव्य संग्रह पर इनको 1971 का 'साहित्य अकादमी' पुरस्कार मिला। बाद में उन्होंने हिन्दी और डोगरी गद्य पर भी वैसा ही अधिकार दिखाया जो डोगरी कविता पर।

अपने तीन और कविता संग्रहों के पश्चात् जम्मू कश्मीर की कला संस्कृति और भाषा अकादमी से 'रोब ऑफ आनर' मिला। उत्तर प्रदेश हिन्दी साहित्य अकादमी पुरस्कार, राजा राममोहन राय पुरस्कार से सम्मानित हुईं।

डोगरी कहानी के क्षेत्र में इनके आगमन से एक नयी मानसिकता व नयी संवेदन शक्ति का संचार हुआ है।

प्रमुख प्रकाशित कृतियाँ : तवी ते चन्हान, नेहरियाँ गलियाँ, पोता पोता निम्बल, उत्तरबैहनी, तैथियाँ, गोद भरी तथा हिन्दी में एक विशिष्ट उपन्यास 'अब न बनेगी देहरी' आदि।

कमला

चितरंजन पार्क में एक कमला नाम की औरत काम माँगने आयी। असल में वह मालिश वाली है। मैंने कहा कभी-कभी कर जाया करो। मेरे घर में तभी से वह झाड़ू-कटका और कपड़े धोने का काम भी करने लगी। शुरू में कभी-कभी मैं देखती उसकी नाक पर चोट लगी है, सिर पर लगी है, मुँह पर लगी है, पर मैं पूछती न थी। एक बार पूछा तो उसने कहा कि अँधेरे में गिर पड़ी थी। धीरे-धीरे आत्मीयता बढ़ती गयी तो मालूम हुआ यह बंगाली है और आदमी उड़ीसा का है। पैसे सारे ले जाता है। उड़ीसा से लोग आते रहते हैं। अभी भी एक लड़का रह रहा है। इसे उसके रोटी-पानी का जुगाड़ भी करना पड़ता है। घर में ज़मीनों पर मूँगफली, नारियल, धान सब उगता है, खूब बढ़िया खेती-बारी है पर पति काम नहीं करना चाहता। यहाँ बैठकर इसकी जान खाने में ही उसे तृप्ति मिलती है। एक बेटा भी है जो वहाँ गाँव में अपनी दादी के पास है। डेढ़ दो बरस तक तो कमला की बड़ी सास और माँ ने बेटे को रखा फिर कमला की सास उसे घर ले गयी। कमला काम न करे तो दिल्ली में, कमाई कौन करे और उनकी तरह-तरह की फ़रमाइशें कौन पूरी करे? आदमी शादी के समय तो दस-बीस रुपये कमा लेता था। लेकिन बाद में जब उसे दारू लग गयी तो क्या कमाई और क्या न कमाई। कमला का मानना है कि शादी के वक्त यह बहुत अच्छा था फिर बाद में उड़िया लोगों ने इसे खराब कर दिया। दारू पीने लगा तो ज़िन्दगी हराम हो गयी।

कमला की शादी भी एक नाटक ही थी। कमला के गाँव की एक औरत जो इसे कलकत्ता से दिल्ली लायी, शादी इसकी उसी ने करवाई थी। कलकत्ता के दिनों को याद करके कमला बड़ी खुश होती। वह अक्सर बताया करती है—

"मैं छोटी थी तो छह-सात साल की उम्र में ही खाना बनाने लगी थी। माँ तो इधर-उधर लोगों के घरों में जाकर गप करती रहती और बाबा को समय पर खाना नहीं मिलता। मैं धीरे-धीरे रसोई में जाकर चावल-दाल चढ़ा देती, कोई सब्जी छौंक देती। मेरा मन उसमें लगता था क्योंकि बाबा को खाना समय पर मिलता था। बाबा बहुत खुश होते थे। हमारे बाबा हम पाँचों बच्चों

को कन्धों पर बिठाकर ले जाते थे। कभी बाज़ार जाएँ या किसी के घर पर जाएँ तो बाबा हम सबकी सवारी होते। उनके कन्धों पर हम ऐसे फिट हो जाते जैसे ताँगे पर बैठे हों। बाबा बहुत ऊँचे थे और बहुत मजबूत भी। वह सारा दिन खेतों में काम करते और मछली पकड़ने का जाल भी बनाते थे। गुस्सा वाले थे हमारे बाबा, जब गुस्सा आता तो हम सब बच्चे थर-थर काँपते रहते थे। मैं और मेरी बहन काली हम जुड़वाँ हैं। मैं दो मिनट पहले पैदा हुई थी। पर मैं साँवली हूँ, वह बहुत काली थी। उसके साथ बहुत बुरा हुआ। एक आदमी गाँव में आता था। उसने उससे कहा, मैं तुमसे शादी करूँगा तुम्हें शहर ले जाऊँगा। अब यह इतनी बेवकूफ़ उसकी बात मान के शहर आ गयी। इसके पेट में जब बच्चा आ गया तो वह पता नहीं कहाँ चला गया। वह कहीं काम करने लगी और किराये के पैसे होते ही गाँव में आ गयी। अब गाँव में उसको लड़की पैदा हुई तो एक दो महीने की लड़की छोड़कर वह फिर अपने आदमी को ढूँढ़ने निकल गयी। कलकत्ता में किसी-किसी के घर काम करती रही। उधर ही इसका दिमाग़ खराब हो गया। थोड़े दिन कहीं काम करती है फिर वहाँ से भी छोड़ देती है। मैंने उससे कहा, मेरे घर में रहो तो वह मुझे गाली देने लगती है। इसकी बेटी तो मेरे बड़े बाबा की बड़ी लड़की के पास है। उन्होंने ही उसकी शादी भी कर दी है, पर इसे कोई होश नहीं। इसने बीस हज़ार रुपये उसकी शादी के लिए बैंक में रखे हैं अब वही निकलवा के खा रही है। ज़्यादा दिन कहीं काम नहीं कर सकती। रास्ते में होती है तो मुझे देखकर मुँह घुमा के चल देती है।"

कमला अपनी बहन की बात हँसी में टाल देती है। मुझे लगता है उसने ज़िन्दगी को ही हँसी में टाल दिया है। असल बात तो यह है कि कमला को दस-बारह बरस करीब से देखने के बाद ही मुझे लगा, ये लोग घर के न होते हुए भी कितने ज़्यादा घर के होते हैं। कमला इतने बरसों से बखूबी जान गयी है कि मुझे कुछ पता नहीं है इसीलिए अक्सर ऊँची आवाज़ में डाँटकर वह सन्तोष प्राप्त कर लेती है।

'आपको कुछ पता नहीं है।' यह उसका मेरे लिए तकिया कलाम है। मेरे घर की चिन्ता वह निश्चय ही मुझसे ज़्यादा करती है। अभी कल ही गली में गाय बिया गयी तो मेरी चिन्ता का पारावार न रहा। उसका मूर्ख बछड़ा थन के पास मुँह ले जाने के बाद भी दूध न पी पा रहा था और मुझे गाय के खाली हुए पेट की बड़ी चिन्ता थी। मैंने अपने लल्लू से फुलके बनवाकर उसमें गुड़-घी डालकर एक छोटी टोकरी में रखा और गाय के पास जाकर कहा, "माँ, यह खा लो।" उसने मुझे कुछ नहीं कहा और चूरी खाने लगी। उसका मूर्ख बछड़ा मेरी तरफ हैरानी से देख रहा था, पर मुझे मालूम था अगर मैंने भी उसे देखा तो गाय देख

लेगी। मैं वहाँ से चली आयी। चौकीदार ने कहा, अगर इसे धान खिलाया जाये तो लटकती हुई जेर छूट सकती है। मैंने ड्राइवर से धान मँगवाकर उसके सामने रखवा दिया। वह खाने लगी और मैंने पाया उसकी जेर छूट गयी थी और उस पर कौए टूट पड़े थे। कमला सारा दिन उस गाय के चक्कर में रही। बाल्टी-भर पानी उसके आगे रखा। गाय प्यासी थी पानी पी गयी।

मेरे पतिदेव लाहौर के हैं। उनके लिए गाय का बछड़ा कौतूहल का विषय हो सकती है पर यह सब नाटक तो दिल्ली की एक गली में हो रहा है। पतिदेव मुम्बई फोन करके अपनी बेटी से बोले, "आज तुम्हारी माँ को फुर्सत नहीं है। गली में आकर एक गाय ने बछड़ा दिया है और तुम्हारी माँ सुबह से ही सोहर गा रही हैं। मुझे पक्का पता है, बेटी भी उस तरफ़ हँस रही होगी। यह शहरिए क्या जानें गाय बियाने पर गाँव में क्या खुशियाँ लुटती थीं। सच में शहरों की नाटकबाज़ी ने हमें गाँव से कितनी दूर कर दिया है!"

कमला कभी-कभी टेलीविजन पर एक बंगाली एक्टर को देखती तो कहती, "ओह उत्तमकुमार, इसकी शूटिंग तो मैंने कलकत्ता में देखी थी। जिनके घर में काम करती थी उनके पास ही एक झील थी। वहीं पर शूटिंग होती थी। काम करके मैं वहीं जाकर देखती यह एक्टर लोग कितना नाटक करता है। कितना दिन एक ही शूटिंग चल रहा है। उही गाना गाता है वैसा ही नाचता है। यह दारू बहुत पीता था।"

मैंने पूछा, "तुम कलकत्ता क्या करने गयी थीं। तुम्हारे बाद बाबा के लिए खाना कौन बनाता था?"

"वह...हमारी माँ ही तो बनाती थी। मेरा भाई उधर पढ़ता भी था और नौकरी भी करता था। इसलिए मैं बाबा को बोलकर कभी कलकत्ता चली जाती थी। भाई का खाना बना देती फिर खाली रह जाती तो एक बंगाली घर में थोड़ा काम करने लगी। भाई धर्मतल्ला में कहीं नौकरी करता था। बंगाली घर में ज्यादा काम नहीं था। अभी मैं छोटी भी थी। छोटे-छोटे काम करती थी। कलकत्ता तो बड़ा शहर है। वह लोग कभी घूमने जाते तो साथ ले जाते थे। गंगासागर मुझे बहुत अच्छा लगता था। कमला ने ही बताया था। कमला के नाना के पास बड़ी जमीन थी। माँ ने उधर कुछ नहीं किया था इसलिए यहाँ भी नहीं करती थी। बाबा बहुत काम करता था। एक कोठरी में अनाज भरा रहता था। बाबा का कुत्ता उसकी रखवाली करता था। बाबा के घर में मोर भी था, कोयल भी, तोता भी। कुत्ता घर के अन्दर नहीं आता था। बाहर ही रहता, वहीं पर उसको खाना देते थे। पर घर के अन्दर बाहर का कोई आदमी नहीं आ सकता था। बाबा मछली का इतना अच्छा जाल बुनता था कि सब लोग जाल ठीक करवाने आते रहते थे। मेरा गाँव बड़ा सुन्दर था।"

अपने बाबा की बात करते ही कमला की आँखें चमकने लगतीं और पूरी देह खुशी से भर उठती। कमला कहती, "बाबा कभी मारते नहीं थे। बस आँख दिखाते थे। आँख बड़ी करते तो हम सब बच्चे चूहे की तरह बिल में चले जाते। माँ भी बाबा से डरती थी। मैं बाबा के साथ बाज़ार जाती थी। बाबा सौदा पकड़ाकर कहता, 'तुम घर चली जाओ।' फिर बाबा अपने दोस्तों के साथ गप मारता, पान खाता फिर घर आता था। हमारे गाँव में स्कूल मास्टर छड़ी से बहुत मारता था। अच्छा नहीं लिखो तो मारता। ठीक से पढ़ो नहीं तो मारता था। मैंने पढ़ा ही नहीं, भैया पढ़ता था। मैं घर में खाना बनाती, पानी भरकर लाती, दाल-चावल बना देती। अपनी बड़ी माँ से पूछकर सब्जी भी छौंक देती। घर में गाय का दूध होता, बैल खेतों पर चले जाते। मैं गाय को भी पानी-सानी देती थी। फिर दादा के साथ कलकत्ता गयी तो बाबा ने कुछ न कहा। दादा नौ क्लास तक पढ़ा था। वह कलकत्ता में मोमबत्ती की फैक्ट्री में काम करता था। पैसा जमा करके घर भी बनवाया था। मैं जब पास के घर में काम करने लगी तो दादा को मेरी चिन्ता भी न रही। उनके घर में गेहूँ पिसाकर ला देती, पानी ले आती, सिल पर मसाला पीस देती। वह उस वक्त पन्द्रह बीस रुपये देता था। बाबा या घर का कोई आता तो उसे खाना देता था। मुझे भी बहुत खाना देता था।"

कमला बात क्या करती!...जैसे कहीं-कहीं से ज़िन्दगी की सीवन उधेड़ती है। दिल्ली आने का सुयोग भी ऐसे बना कि गाँव में उसकी माँ की एक मौसी दिल्ली आ रही थी, इसको भी साथ ले आयी—"दिल्ली में पैसा ज्यादा मिलता था, बाबा से पूछा था तो बाबा ने कहा, तुम्हारा मन है तो जाओ। वहाँ कलकत्ता में माँ की रिश्ते में एक मौसी थी वही दिल्ली आ रही थी। उसके साथ मैं भी दिल्ली आ गयी। उसी साल इन्दिरा गाँधी मरी थीं। दिल्ली में बड़ा दंगा हो रहा था। बड़ा डर लगा था नानी ने कहीं काम पर लगवा दिया। बाबा को पैसे भेजती थी। वह लोग बहुत अच्छा था। मैं एक बजे तक सारा काम खत्म कर देती थी। सब मुझसे बहुत खुश थे।

"जो नानी थी उसने दो-तीन साल बाद कहा—अब तुम्हारी शादी पर दूँगी। मेरा आदमी तब पंजाब से काम करके आया था। झुग्गी लेकर रहता था। पैसे भी कमाता था। मेरे आदमी ने नानी को कुछ पैसे भी दिया होगा। नानी ने एक दिन कहा, आज तुम्हारी शादी है बस कालका जी मन्दिर में शादी हो गयी।

"मेरे बाबा और ससुर दोनों ने कहा, ऐसे कैसे शादी कर ली? हमने तब गोविन्दपुरी में एक झुग्गी किराये पर ली। वहीं हम दोनों रहने लगे। मैं काम पर जाती थी। यह भी नलके और बाथरूम का काम करता था। जो पैसा कमाता मुझे देता था। जब बेटा पैदा हुआ तो इसने मिठाई भी बाँटी थी। तब मेरी छोटी ननद मेरे पास थी। वही इसको देखती थी। मैं काम से आती तो भी मेरा बेटा

दिया। कमला बोली, लड़की उसको खराब कर रही है। लड़का तो पढ़ना नहीं चाहता है। लड़की की छवि मैंने देखी थी। वह अच्छी नहीं है।

इधर कमला का पति तो इश्क में गिरफ्तार ही था। उधर बेटा भी इस गली में घुसने का यत्न करने लगा। एक और खबर आयी कि कमला का ससुर भी एक औरत से फँस गया है। कमला ने घटना का ज़िक्र कुछ यूँ किया :

कमला के ससुर के खेतों के साथ एक विधवा के खेत भी थे। जिन पर कमला के ससुर ने हाथ मारने की कोशिश की। एक फसल भी उगाकर खा ली। फिर वह विधवा औरत अदालत में जाकर रोयी कि यह मेरे खेत लेना चाहता है। इसने मेरी इज्जत पर हाथ डाला। एक अच्छा मुकद्दमा बन गया और कमला का आदमी तुरन्त गाँव चला गया। कमला ने कहा यह अपने बाप को बचाएगा।

मैंने कहा, "कमला, तेरे ससुराल की घुट्टी में मुहब्बत के कीड़े हैं। देखो, तीन पीढ़ियाँ एक साथ मुहब्बत करने में जुटी हुई हैं।" कमला हँसने लगी फिर बोली–

"प्यार कहाँ है! सारा मामला पैसे का है। वह औरत अपना खेत दे देगी तो खाएगी क्या? मेरा ससुर तो खेत चाहता है और कुछ नहीं।"

मेरे खयाल में वह मुकद्दमा अभी खत्म नहीं हुआ है पर कमला के ससुर ने खेत उसे लौटा दिये हैं। कोई फैसला जरूर हुआ है। कमला अब इस बात पर चर्चा नहीं करती।

कमला का ससुर खेतों की लड़ाई लड़ते-लड़ते मर गया। जब उड़ीसा में बाढ़ आयी थी तब कमला की ससुराल में खेतों को, घर को बड़ा नुकसान पहुँचा था। तब कमला की चिन्ता का पारावार न था। सारा दिन लड़के की बात होती। मैंने कहा, उसे यहाँ आने को कह दे तो बोली ऐसा कैसे हो सकता है? सब लोग इधर ही आ गया तो खाना कहाँ से दूँगी?

कमला के बाबा बहुत बीमार चल रहे थे। यह जाने-जाने का करती पर कभी कोर्ट में किये मुकद्दमे की तारीख और कभी पैसों की कमी उसे तंग करती रही। फिर एक दिन कमला रोती हुई आयी कि मेरा गाँव से कोई आया है, बाबा के मरने की खबर है। मैं उसे क्या सान्त्वना देती! मजबूरी थी बस मौत पर छा गयी। रोते-धोते एक हफ्ता बीता तो पता चला कि बाबा मरे नहीं बहुत बीमार हैं। कमला ने दो-तीन सौ रुपये घर भेज दिये। बाबा दूध पिएँगे। पाँच-छह महीने और निकल गये, एक दिन फिर खबर आयी बाबा की मृत्यु को महीना-भर हो गया है। इसने बाबा के घर पर फोन से भी पता करवाया। भाभी आयी, पर उसने कहा बाबा चारपाई से उठ नहीं सकते, पर अभी ठीक हैं। कमला रोते-रोते यही कहती, "मुझसे झूठ क्यूँ बोला!"

मैंने कहा, "कमला तू क्या कर लेती?" वह बोली, "मैं बाबा के नाम से

मन्दिर में कुछ चढ़ाकर आती।"

मैंने कहा, "बेटियों के हाथ का लगता नहीं है वह तो सब तेरे भाई को ही करना पड़ेगा।" झुँझलाकर कमला बोली–

"आपको समझाता नहीं है। मैं बाबा के नाम से देगी।"

मैंने कहा, "जरूर दो कमला, अगर इसी से तुम्हें सुख मिलता है तो मैं क्या कहूँगी।"

कमला की जब नयी-नयी शादी हुई थी तब इसका आदमी बहुत चाव भी करता था। कलकत्ता भी ले गया था। बेटा होने पर बड़ा खुश भी था। पर जब यह परी आ गयी तब कमला कभी उन दिनों को याद करती जब लड़का पैदा हुआ था तो पति झुँझला कर कहता, "वह सब बात मत करो मुझसे, अच्छी नहीं लगती।" कमला का बेटा जब यहाँ आया तो कमला का पति उसे अकेले में समझाता कि ताऊ का बेटा सगा नहीं होता है। पर कमला बताती है उसके बेटे के साथ बड़े भाई के बेटे का बहुत प्यार है।

कमला का बेटा शायद प्रेमचक्र से निकल आया है पर एक डुबकी लगाने के बाद डूबने के इन्तज़ार में है। अभी समय नहीं आया। पैसा कमाएगा तों शादी बनाएगा। अभी उम्र भी नहीं हुई पर पन्द्रह-सत्तरह साल में एक झटका तो लगता ही है।

अब क़िस्सा कमला के डायवोर्स का सुनिए।

मैं कई बार कमला के साथ उस दफ़्तर में गयी। यह मुसीबतज़दा औरतों के लिए मुफ्त काम करने वाली संस्था है। औरतें-ही-औरतें। बड़ी वकील भी औरत है। यकीन मानिए, बरसों कमला वहाँ जाती रही, कुछ नहीं हुआ। वकील और संस्था का पता मुझे मेरी मित्र मधु किश्वर ने दिया था। कई सालों बाद कमला वहाँ से फाइलें ले आयी और इसके किसी और हितैषी ने वकील करके दिया है। इस वकील ने कहा था, साल के अन्दर-अन्दर डायवोर्स करवा देगा। अब तारीख़ पर तारीख़ पड़ रही हैं।

क्या एक औरत की ज़िन्दगी तारीख़ों का ही इन्तज़ार करती रहती है। क्या वकील या पुलिस वाले किसी भी बेकसूर आदमी के वह दिन लौटा सकते हैं जो अदालतों के चक्कर में ख़त्म हो जाते हैं। इन बातों से कोई फायदा नहीं। हजारों दर्दमन्द यह सोचते हुए मर गये, हजारों मर जाएँगे।

एक दिन मैंने कमला से कहा, "कमला, एक बार डायवोर्स हो जाने दे। फिर तुम अपने पति को घर की चाबी मत देना।" कमला बोली, "आपको कुछ पता नहीं है। मेरे हाथ में कोर्ट का कागज आ जाएगा तो मैं उसकी कॉपी करके इसको दे दूँगी। असली कागज आपके पास रखूँगी।"

मैंने कहा, "डायवोर्स के बाद यह अगर तुम्हारे पास रहेगा तो डायवोर्स माना

नहीं जाएगा। इसको घर में घुसने नहीं देना।"

यह मैं कैसे कर सकती हूँ। मेरे लड़का का बाप है। अगर झगड़ा मारा-मारी करेगा तो पुलिस को कागज दिखा देगी। इसको पुलिस निकाल देगी।

मैंने कहा, "कमला जब यह तेरे पास ही रहेगा तब डायवोर्स कैसा?" कमला कहने लगी—"इतना गरमी में कहाँ जाएगा?...यहाँ रात भर कूलर की हवा खाता है। सरदी में रजाई में सोता है।"

मैंने जल-भुनकर कहा, "कमला अगर यह तेरे साथ रहा तो अदालत भी डायवोर्स नहीं मानेगी।"

"जाओ जाओ आपको कुछ पता नहीं है। एक बार डायवोर्स हो जाने दो, फिर यह डरकर रहेगा। आप तो समझता नहीं है।"

और मैं समझ गयी कि मुझे समझ नहीं है।

□□